MW01518752

La condición humana actual

Paidós
Biblioteca
Erich Fromm

Erich Fromm

La condición

y otros temas de la vida contemporánea

humana

actual

PAIDÓS

Barcelona • Buenos Aires • México

Título original
The Dogma of Christ
Cap.: *The present human condition*
Publicado en inglés
por Holt, Rinehart and Winston, Nueva York,
Chicago, San Francisco

Traducción
Gerardo Steenks

Cubierta
Mario Eskenazi y Diego Feijóo

Quedan rigurosamente prohibidas, sin la autorización escrita de los
titulares del "Copyright", bajo las sancines establecidas en las leyes,
la reproducción total o parcial de esta obra por cualquier método o
procedimento, comprendidos la reprografía y el tratamiento informá-
tico, y la distribución de ejemplares de ella mediante alquiler o pres-
tamos públicos.

© 1981 de todas las ediciones en castellano,
Ediciones Paidós Ibérica, S.A.,
Mariano Cubí, 92 08021 Barcelona
y Editorial Paidós, SAICF,
Defensa, 59- Buenos Aires
http://www.paidos.com

ISBN: 84-493-0855-0
Depósito legal: B-29.124/2000

Impreso en Edim, S.C.C.L.,
Badajoz, 145 08018 Barcelona

Impreso en España - Printed in Spain

SUMARIO

I. La condición humana actual

Una vez destruido el mundo medieval, el hombre de Occidente pareció encaminado hacia el logro final de sus más anhelados sueños y visiones. Se liberó de la autoridad de una Iglesia totalitaria, del peso del pensamiento tradicional, de las limitaciones geográficas de nuestro globo, sólo a medias descubierto. Construyó una ciencia nueva que con el tiempo llevó a la aparición de fuerzas productivas desconocidas hasta entonces y a la transformación completa del mundo material. Creó sistemas políticos que parecieron asegurar el desarrollo libre y provechoso del individuo; redujo el tiempo de trabajo hasta un punto tal que el hombre occidental tiene libertad para gozar de horas de ocio en una medida que sus antepasados difícilmente habrían podido imaginar.

¿Y a qué hemos llegado hoy?

El peligro de una guerra que lo puede destruir todo pende sobre la humanidad; un peligro que no es superado en modo alguno por los vacilantes intentos que hacen los gobiernos para evitarlo. Pero aun en el caso de que a los representantes políticos del hombre les quede suficiente cordura como para impedir una guerra, la condición del hombre dista mucho de satisfacer las esperanzas de los siglos XVI, XVII y XVIII.

El carácter del hombre ha sido moldeado por las exigencias del mundo que él creó con sus propias manos. En los siglos XVIII y XIX el carácter social de la clase media mostraba fuertes tendencias a la explotación y a la acumulación. Este carácter estaba determinado por el deseo de explotar a otros, de reservarse las propias ganancias y de obtener mayor provecho. En el presente siglo, el carácter del hombre se orienta más hacia una pasividad considerable y una identificación con los valores del mercado. El hombre contemporáneo es ciertamente pasivo en gran parte de sus momentos de ocio. Es el consumidor eterno; «se traga» bebidas, alimentos, cigarrillos, conferencias, cuadros, libros, películas; consume todo, engulle todo. El mundo no es más que un enorme objeto para su apetito: una gran mamadera, una gran manzana, un pecho opulento. El hombre se ha convertido en lactante, eternamente expectante y eternamente frustrado.

En cuanto no es cliente, el hombre moderno es comerciante. Nuestro sistema económico se centra en la función del mercado como determinante del valor de todo bien de consumo y como regulador de la participación de cada uno en el producto social. Ni la fuerza ni la tradición, tal como en períodos previos de la historia, ni tampoco el fraude ni las trampas, rigen las actividades económicas del hombre. Tiene libertad para producir y para vender; el día de mercado es el día del juicio para valorar sus esfuerzos. En el mercado no sólo se ofrecen y venden bienes de consumo; el trabajo humano ha llegado a ser un bien de consumo, vendido en el mercado laboral en iguales condiciones de comercio recíproco. Pero el sistema mercantil se ha extendido hasta sobrepasar la esfera de bienes de consumo y trabajo. El hombre se ha transformado *a sí mismo* en un bien de consumo, y siente su vida como un capital que debe ser invertido provechosamente; si lo logra, habrá «triunfado» y su vida tendrá sentido; de lo contrario será un «fracasado». Su «valor» reside en el precio que puede obtener por sus servicios, no en sus cualidades de amor y razón ni en su capacidad artística. De allí que el sentido que tiene de su propio valor dependa de factores externos y que sentirse un triunfador esté sujeto al juicio de otros. De allí que viva pendiente de estos otros, y que su seguridad resida en la conformidad, en no apartarse nunca más de dos pasos del rebaño.

El mercado no es empero lo único que determina el carácter del hombre moderno. Otro factor, estrechamente vinculado con la función mercantil, es el modo de la producción industrial. Las empresas se agrandan cada vez más; el número de personas que trabaja en ellas, sean obreros o empleados, crece incesantemente; la propiedad está separada de la dirección, y los gigantes industriales están gobernados por una burocracia profesional más interesada en el buen funcionamiento y expansión de su empresa que en los beneficios personales en sí mismos.

¿Qué clase de hombre requiere por lo tanto nuestra sociedad para poder funcionar bien? Necesita hombres que cooperen dócilmente en grupos numerosos, que deseen consumir más y más, y cuyos gustos estén estandarizados y puedan ser fácilmente influidos y anticipados. Necesita hombres que se sientan libres e independientes, que no estén sometidos a ninguna autoridad o principio o conciencia moral y que no obstante estén dispuestos a ser mandados, a hacer lo previsto, a encajar sin roces en la máquina social; hombres que puedan ser guiados sin fuerza, conducidos sin líderes, impulsados sin meta, salvo la de continuar en movimiento, de funcionar, de avanzar. El industrialismo moderno ha tenido éxito en la producción de esta clase de hombre: es el autómata, el hombre enajenado. Enajenado en el sentido de que sus acciones y sus propias fuerzas se han convertido en algo ajeno, que ya no le pertenecen; se levantan por encima de él y en su contra, y lo dominan en vez de ser dominadas por él. Sus fuerzas vitales se han transformado en cosas e instituciones; y estas cosas e instituciones han llegado a ser ídolos. No son vividas como el resultado de los propios esfuerzos del hombre sino como algo separado de él, algo que adora y reverencia y a lo que se somete. El hombre enajenado se arrodilla ante la obra de sus propias manos. Sus ídolos representan sus propias fuerzas vitales en forma enajenada. El hombre se vive a sí mismo no como el portador activo de sus propias fuerzas y riquezas sino como una «cosa» empobrecida, dependiente de otras cosas que están fuera de él, en las que ha proyectado su sustancia viviente.

El hombre proyecta sus sentimientos sociales en el Estado. Como ciudadano está dispuesto a dar la vida por sus semejantes; como individuo *privado* lo rige una egoísta preocupación por sí mismo. Por el hecho de haber encarnado sus propios sentimientos sociales en el Estado, adora a éste y sus símbolos. Sus sentimientos de poder, sabiduría y coraje los proyecta en sus líderes, a quienes reverencia como si fueran ídolos. Como obrero, empleado o dirigente, el hombre moderno está enajenado de su trabajo. El obrero ha llegado a ser un átomo económico que danza al compás de la dirección automatizada. No tiene parte en la tarea de planear el proceso de trabajo, no tiene parte en sus frutos; rara vez está en contacto con el producto completo. El dirigente, en cambio, sí está en contacto con tal producto completo, pero enajenado de él en cuanto algo útil y concreto. Su meta es emplear provechosamente el capital invertido por otros; el producto obtenido es, sencillamente, la encarnación del capital, no algo que le interese como entidad concreta. El empresario se ha convertido en un burócrata que maneja cosas, números y seres humanos como meros objetos de su actividad. Al arte de manejar a la gente que trabaja se lo denomina arte de las relaciones humanas, cuando en realidad el empresario *debe* habérselas con las relaciones más inhumanas, entre autómatas que se han convertido en abstracciones.

Lo que consumimos es algo igualmente enajenado. Está determinado más por frases publicitarias que por nuestras verdaderas necesidades, nuestros paladares, nuestros ojos o nuestros oídos.

La falta de significado y la enajenación del trabajo hacen anhelar una holganza completa. El hombre odia su vida de trabajo, pues lo hace sentirse prisionero y farsante. Su ideal se torna la holgazanería absoluta, donde no necesite hacer ningún movimiento, donde todo transcurra de acuerdo con el eslogan de la Kodak: «Usted aprieta el botón; nosotros hacemos el resto». Esta tendencia, reforzada por el tipo de consumo necesario para la expansión del mercado interno, lleva a un principio que Huxley ha expresado muy sucintamente en su libro *Brave New World*. Uno de los eslóganes con que todos hemos sido condicionados desde la infancia dice: «Nunca dejes para mañana el goce que puedes tener hoy». Si no pospongo la satisfacción de mi deseo (y estoy condicionado para desear sólo aquello que puedo obtener), no tendré conflictos ni dudas; no habrá que tomar decisiones: nunca me encuentro solo conmigo mismo, pues siempre estoy ocupado, ya sea trabajando o divirtiéndome. No necesito tener conciencia de mí mismo como tal, pues la tarea de consumir me absorbe constantemente. Soy un sistema de deseos y satisfacciones; debo trabajar para poder satisfacer mis deseos, y estos mismos deseos son constantemente estimulados y dirigidos por la maquinaria económica.

Pretendemos ir en pos de las metas de la tradición judeocristiana: amar a Dios y a nuestro prójimo. Hasta nos dicen que atravesamos un período de renacimiento religioso, lleno de promesas. Nada podría estar más lejos de la verdad. Empleamos símbolos pertenecientes a una tradición genuinamente religiosa y los transformamos en fórmulas que sirven a la finalidad del hombre enajenado. La religión se ha convertido en una cáscara vacía; se ha transformado en un dispositivo que nos ayuda a elevar nuestras propias fuerzas para lograr el éxito. Dios se convierte en socio del negocio. *El poder del pensamiento positivo* es el sucesor de *cómo ganar amigos e influir sobre la gente*.

También el amor por el hombre es un fenómeno raro. Los autómatas no aman; los hombres enajenados no se preocupan. Los expertos en relaciones amorosas y los consejeros matrimoniales consideran encomiable una relación de equipo entre dos personas que se manejan entre ellas con las técnicas apropiadas y cuyo amor es esencialmente un egoísmo *à deux*, un fondeadero abrigado para una soledad de otro modo insoportable.

¿Qué es entonces lo que podemos esperar del futuro? Si dejamos de lado aquellos pensamientos que son sólo productos de nuestros deseos, me temo que lo que quedaría por admitir como más probable es que la discrepancia entre inteligencia técnica y razón haga estallar una guerra atómica en el mundo. El resultado casi seguro de una guerra tal es la destrucción de la civilización industrial y la regresión del mundo a un primitivo nivel agrario. O en el caso de que la destrucción no resultara tan completa como suponen muchos especialistas en la materia, el vencedor se verá, por fuerza, ante la necesidad de organizar y dominar todo el mundo. Tal cosa podría ocurrir únicamente en un Estado centralizado y que tenga como base la fuerza, y habría muy poca diferencia en que la sede del gobierno estuviera en Moscú o Washington.

Por desgracia, ni el poder evitar la guerra es promesa de un futuro brillante. Tanto en el desarrollo del capitalismo como del comunismo, tal como los imaginamos en los próximos cincuenta o cien años, los procesos que fomentan la enajenación humana no se habrán interrumpido. Ambos sistemas desembocarán en sociedades burocratizadas, con sus integrantes bien alimentados, bien vestidos, con todos sus deseos satisfechos y libres de deseos que no se puedan satisfacer. Los hombres son, cada vez más, autómatas que fabrican máquinas que actúan como hombres y producen hombres que funcionan como máquinas; su razón se deteriora a la vez que crece su inteligencia, dando así lugar a la peligrosa situación de proporcionar al hombre la fuerza material más poderosa sin la sabiduría para emplearla.

A pesar de la producción y el confort crecientes, el hombre pierde cada vez más el sentido de ser él mismo; tiene la sensación de que su vida carece de sentido, aun cuando tal sensación sea en gran parte inconsciente. En el siglo pasado el problema era que *Dios está muerto*; en nuestro siglo el problema es que *el hombre está muerto*. En el siglo XIX, inhumanidad significaba crueldad; en el

siglo XX significa enajenación esquizoide. En otros
tiempos el peligro era que los hombres se convirtieran en
esclavos. El peligro del futuro es que los hombres se lle-
guen a convertir en robots. Verdad es que los robots no se
rebelan. Pero dada la naturaleza del hombre, los robots
no pueden vivir y mantenerse cuerdos: se convierten en
golems; entonces buscarán destruir el mundo y destruirse
a sí mismos, pues ya no serán capaces de soportar el tedio
de una vida falta de sentido y carente por completo de
objetivos.

    ¿Qué alternativa hay entre la guerra y el robotismo?
De modo más fundamental, la respuesta podría darse tal
vez tomando la frase de Emerson: «Las cosas tienen las
riendas y manejan a la humanidad» e invertirla para que
diga: «Dad las riendas a la humanidad para que maneje
las cosas». Es otra manera de expresar que el hombre
debe superar la enajenación, que lo convierte en un impotente e irracional adorador de ídolos. En la esfera psicológica eso significa que debe vencer las actitudes pa-
sivas y orientadas mercantilmente que ahora lo dominan,
y elegir en cambio una senda madura y productiva. Debe
volver a adquirir un sentimiento de ser él mismo; debe ser
capaz de amar y de convertir su trabajo en una actividad
concreta y llena de significado. Debe emerger de una
orientación materialista y alcanzar un nivel en donde los
valores espirituales —amor, verdad y justicia— se con-
viertan realmente en algo de importancia esencial. Pero
cualquier tentativa de cambiar sólo una sección de la
vida, la humana o la espiritual, está condenada al fracaso. En verdad, el progreso que tiene lugar en una sola
esfera atenta contra el progreso en todas las otras esferas.
El Evangelio, preocupado únicamente por la salvación
espiritual, condujo al establecimiento de la Iglesia cató-
lica romana; la Revolución francesa, interesada exclu-

sivamente en la reforma política, trajo a Robespierre y Napoleón; el socialismo, en la medida en que sólo se propuso el cambio económico, dio a luz al estalinismo.

Mediante la aplicación del principio del cambio simultáneo en todas las esferas de la vida, debemos pensar en los cambios económicos y políticos necesarios para vencer el hecho psicológico de la enajenación. No desperdiciaremos los progresos tecnológicos de la producción mecánica en gran escala y de la automación. Pero es menester que descentralicemos el trabajo y el Estado a fin de darles *proporciones humanas* y que permitamos la centralización sólo hasta el punto requerido por las necesidades de la industria. En la esfera económica se requiere una democracia industrial, un socialismo democrático caracterizado por la dirección conjunta de todos los que trabajan en una empresa, a fin de dar lugar a su participación activa y responsable. Es posible encontrar formas nuevas para tal participación. En la esfera política, la democracia efectiva puede ser establecida creando millares de pequeños grupos que se traten cara a cara, que estén bien informados, que mantengan discusiones serias y cuyas decisiones se integren en una nueva «cámara de representantes o diputados». Para un renacimiento cultural deben combinarse la educación del trabajo para los jóvenes, la educación para los adultos y un nuevo sistema de arte popular y ritual secular a través de toda la nación.

Así como el hombre primitivo era impotente ante las fuerzas naturales, así el hombre moderno está desamparado ante las fuerzas económicas y sociales que él mismo ha creado. Adora la obra de sus propias manos, reverencia los nuevos ídolos, y sin embargo jura por el Dios que le ordenó destruir todos los ídolos. El hombre sólo podrá protegerse de las consecuencias de su propia

locura creando una sociedad sana y cuerda, ajustada a
las necesidades del hombre (necesidades que se nutren
en las condiciones mismas de su existencia); una sociedad en la cual los hombres estén unidos por vínculos de
amor, en la cual se hallen arraigados por lazos fraternales
y solidarios más que por ataduras de sangre y suelo; una
sociedad que le ofrezca la posibilidad de trascender la
naturaleza mediante la creación antes que por la destrucción, en la cual cada uno tenga la sensación de ser él
mismo al vivirse como el sujeto de sus poderes antes que
por conformismo, donde exista un sistema de orientación
y devoción que no exija la deformación de la realidad y la
adoración de ídolos.

La construcción de una sociedad tal significa empren-
der la etapa siguiente: significa el fin de la historia «hu-
manoide», la fase en la que el hombre no ha llegado todavía a ser plenamente humano. No significa el «fin de los
días», el «completamiento», el estado de armonía perfecta
donde el hombre está libre de conflictos o problemas. Por
lo contrario, es destino del hombre que su existencia se
halle acosada por contradicciones que está obligado a
enfrentar, sin poder resolverlas jamás. Una vez que haya
superado el estado primitivo del sacrificio humano, sea en
la forma ritualista de las inmolaciones humanas de los
aztecas o mayas o en la forma secular de la guerra, cuando
haya sido capaz de regular su relación con la naturaleza de
manera razonable en lugar de ciegamente, cuando las
cosas se hayan convertido verdaderamente en sus ser-
vidores y no en sus ídolos, entonces tendrá ante sí los
conflictos y problemas verdaderamente humanos; deberá
ser temerario, valiente, imaginativo, capaz de sufrir y
gozar, pero sus fuerzas estarán al servicio de la vida, no de
la muerte. La nueva fase de la historia humana, si es que
llega a ocurrir, no será un final sino un nuevo comienzo.

II. Sexo y carácter

De muy antigua data es la tesis de que entre los dos sexos existen diferencias innatas que por fuerza traen apa-
rejadas diferencias básicas de carácter y destino. La
maldición del Antiguo Testamento hace propio de la
mujer el que «a tu marido estará sujeta tu voluntad y él
será tu señor», y del hombre, que deberá trabajar con
sudor y pesar. Pero el relato bíblico también contiene
virtualmente la tesis opuesta: el hombre fue creado a se-
mejanza de Dios, y sólo como castigo por su desobediencia original del hombre y la mujer —tratados como
iguales en cuanto a su responsabilidad moral— recibie-
ron la maldición de los conflictos mutuos y la eterna diferencia. Ambas opiniones, la de su diferencia básica y
la de su identidad básica, fueron repetidas a través de
los siglos; una época o una escuela filosófica ponía el én-
fasis en una tesis, mientras otra defendía la posición
contraria.

El problema asumió una importancia muy grande en las discusiones filosóficas y políticas de los siglos XVIII y XIX. Los representantes de la filosofía de la ilustración adoptaron la posición de que no había diferencias innatas entre los sexos (*l'âme n'a pas de sexe*); que cualquier diferencia que pudiera observarse estaba condicionada por diferencias de educación; tratábase —tal como se diría hoy— de diferencias culturales. Los filósofos románticos de comienzos del siglo XIX, por otra parte, tomaron una posición diametralmente opuesta. Analizaron las diferencias caracterológicas que hay entre hombres y mujeres y sostuvieron que las fundamentales derivaban de diferencias biológicas y fisiológicas innatas. Su argumento era que tales diferencias de carácter existirían en cualquier cultura imaginable.

Aparte de los méritos de los respectivos argumentos —y el análisis de los románticos era a menudo profundo— ambos tenían un contenido político. Los filósofos iluministas, en especial los franceses, deseaban destacar la igualdad de hombres y mujeres en lo social y, hasta cierto punto, en lo político. Para fundamentar su posición acentuaban la ausencia de diferencias innatas. Los románticos, que eran reaccionarios políticos, apelaban en su análisis a la esencia (*Wesen*) de la naturaleza del hombre como prueba de la necesidad de una desigualdad política y social. Si bien atribuían cualidades muy admirables a «la mujer», insistían en que sus características la hacían inepta para participar en la vida social y política en pie de igualdad con el hombre.

La lucha política por la igualdad de la mujer no terminó en el siglo XIX, como tampoco terminó la discusión teórica sobre lo natural *versus* lo cultural en sus diferencias. En la psicología moderna Freud se convirtió en el más franco representante de la causa de los románticos.

En tanto que el argumento de estos últimos había sido formulado en lenguaje filosófico, el de Freud se basaba sobre la observación científica de pacientes sometidos al procedimiento psicoanalítico. Supuso que la diferencia anatómica entre los sexos era la causa de diferencias caracterológicas inalterables. «La anatomía es su destino», decía de la mujer, parafraseando un dicho de Napoleón. Su argumento era que la niña pequeña, al observar el hecho de que le falta el órgano sexual masculino, es profundamente conmovida e impresionada por este descubrimiento; que experimenta la sensación de carecer de algo que debería tener; que envidia al hombre por tener lo que el destino le ha negado a ella; que en el curso normal del desarrollo intentará superar su sentimiento de inferioridad y envidia sustituyendo el órgano genital masculino por otras cosas: marido, hijos o posesiones. En el caso de un desarrollo neurótico no logrará hacer sustituciones satisfactorias. Sigue envidiando a todos los hombres, no renuncia a su deseo de ser hombre, se hace homosexual o aborrece a los hombres, o busca ciertas compensaciones permitidas culturalmente. Aun en el caso de un desarrollo normal, la cualidad trágica del destino de la mujer nunca desaparece del todo; está maldita por el deseo de obtener algo que se mantendrá inalcanzable toda su vida.

Si bien los psicoanalistas ortodoxos retuvieron esta teoría de Freud como una de las piedras angulares de su sistema psicológico, otro grupo de psicoanalistas de orientación culturalista cuestionó los hallazgos de Freud. Demostraron las falacias tanto clínicas como teóricas del razonamiento de Freud, señalando las experiencias culturales y personales de las mujeres en la sociedad moderna que causaron los resultados caracterológicos que él había explicado sobre bases biológicas. Las opi-

niones de este grupo de psicoanalistas fueron confirma-
das por los descubrimientos de los antropólogos.

Existe de todos modos cierto peligro de que algunos
adeptos de estas progresistas teorías antropológicas y
psicoanalíticas se pasen al extremo opuesto y nieguen
por completo que las diferencias biológicas tengan algún
efecto en el modelo de la estructura del carácter. Se pueden sentir movidos a proceder así por el mismo motivo
que actúa en los representantes de la Ilustración francesa. Dado que la acentuación de las diferencias innatas
es usada como argumento por los oponentes de la igualdad de las mujeres, tal vez parezca necesario probar que
la causa de toda diferencia observable empíricamente es
sólo cultural.

Es de importancia reconocer que en toda esta contro-
versia hay una cuestión filosófica fundamental. La tendencia a negar toda diferencia caracterológica entre los
sexos puede ser provocada por la aceptación implícita de
una de las premisas de la filosofía antiigualitaria: para
reclamar igualdad es menester probar que no hay diferencias caracterológicas entre los sexos, salvo aquellas
directamente causadas por las condiciones sociales existentes. Toda la discusión es complicada especialmente
por el hecho de que un grupo habla de *diferencias*, en
tanto que los reaccionarios se refieren en realidad a deficiencias, y específicamente, a aquellas deficiencias que
hacen imposible que la igualdad plena sea compartida
con el grupo dominante. De allí que para negar su completa igualdad con los hombres se trajera a colación la
supuesta inteligencia limitada de las mujeres y su caren-
cia de aptitudes para la organización y la abstracción, o
la falta de juicio crítico. Una escuela de pensamiento admitió que poseían intuición, amor, etcétera, pero que estas cualidades no parecían hacerlas más aptas para la so-

ciedad moderna. Lo mismo se dice a menudo de las minorías, como las de negros o judíos. El psicólogo antropólogo se vio así colocado en una posición en la que debía impugnar el que entre los sexos o grupos raciales hubiera cualquier diferencia fundamental relacionada de algún modo con su aptitud para compartir la igualdad completa. En esta situación el pensador liberal se inclinó a tener en menos la existencia de cualquier distinción.

A pesar de haber demostrado que no existen diferencias que justifiquen desigualdades políticas, económicas y sociales, los liberales se dejaron llevar a una posición defensiva estratégicamente desfavorable. Formular el hecho de que no hay diferencias *socialmente perjudiciales* no requiere que se deba negar la existencia de toda diferencia. En términos apropiados, la pregunta es entonces: ¿qué uso se hace de las diferencias existentes o supuestas, y qué finalidad política cumplen? Aun admitiendo que las mujeres posean rasgos caracterológicos que las diferencien de los hombres, ¿qué significa ello?

Es la tesis que sostenemos aquí: que ciertas diferencias biológicas determinan diferencias caracterológicas; y que tales diferencias están combinadas con aquellas que son producidas directamente por factores sociales; que estos últimos tienen un efecto mucho más fuerte y que pueden acrecentar, eliminar o invertir diferencias de raíz biológica; y que, en última instancia, las diferencias caracterológicas que existen entre los sexos, en cuanto no están determinadas directamente por valores culturales, no constituyen nunca diferencias de valor. En otras palabras, el carácter típico de hombres y mujeres en la cultura occidental está determinado por sus respectivos papeles sociales, si bien el carácter lleva un tinte debido a la diferencia de los sexos. Esta coloración es insignificante en comparación con las diferencias de raíz social, pero no debe ser dejada de lado.

El supuesto implícito que da base a gran parte del pensamiento reaccionario es que la igualdad presupone una ausencia de diferencias entre personas o grupos sociales. Dado que obviamente tales diferencias existen en relación con prácticamente todo lo que tiene importancia en la vida, los reaccionarios llegan a la conclusión de que no puede haber igualdad. Cuando los liberales, por el contrario, se sienten movidos a negar el hecho de que hay grandes diferencias en las dotes mentales y físicas y condiciones accidentales de la personalidad que pueden ser favorables o desfavorables, no hacen más que ayudar a que sus adversarios parezcan tener razón a los ojos del hombre común. El concepto de igualdad, tal como se ha desarrollado en el judeo-cristianismo y en la tradición progresista moderna, significa que todos los hombres son iguales en cuanto a aquellas capacidades humanas básicas como las vinculadas con el goce de la libertad y la felicidad. Significa además, como consecuencia política de esta igualdad básica, que ningún hombre deberá ser usado como medio para los fines de otro hombre, ningún grupo usado como medio para los fines de otro grupo. Cada hombre es un universo para sí mismo, y es sólo su propia finalidad. Su meta es la realización de su ser, incluyendo aquellas mismísimas peculiaridades que son características de él y que lo hacen diferente de los demás. La igualdad es así la base para el desarrollo total de las diferencias, y su resultado es el desarrollo de la individualidad.

No obstante haber un número de diferencias biológicas que bien merecerían ser examinadas en lo referente a su importancia para establecer diferencias entre hombres y mujeres, nosotros trataremos aquí principalmente sólo una. Más que examinar todo el problema de las diferencias de carácter entre los sexos, nos impulsa el propósito

de ilustrar la tesis general. Dedicaremos la mayor parte
de nuestra atención a los respectivos roles que desempe-
ñan el hombre y la mujer en el contacto sexual e intenta-
remos demostrar que esta diferencia se traduce en ciertas desigualdades caracterológicas, las que sólo tiñen las
principales diferencias resultantes de la diversidad de sus
roles sociales.

Para poder funcionar sexualmente, el hombre debe tener una erección y ser capaz de mantenerla durante la có-
pula hasta llegar al orgasmo; con el fin de satisfacer a la
mujer, debe poder mantener la erección durante un
tiempo suficientemente prolongado como para que ella
alcance el orgasmo. Ello significa que para poder satisfacer sexualmente a la mujer el hombre debe *demostrar* que
cuenta con la capacidad de tener una erección y de mantenerla. La mujer, por otra parte, para satisfacer sexualmente al hombre no necesita demostrar nada. Es verdad
que su excitación puede acrecentar el placer del hombre,
y que ciertos cambios físicos concomitantes en sus órganos sexuales pueden hacer el contacto más fácil para él.
Dado que sólo se han de considerar reacciones puramente
sexuales —y no las sutiles reacciones psíquicas de personalidades diferenciadas— sigue en pie el hecho de que el
hombre necesita la erección de su miembro para satisfacer a la mujer; la mujer no necesita nada para satisfacer
al hombre, salvo un cierto grado de disposición. Al hablar
de disposición es importante destacar que la disponibi-
lidad de la mujer para la satisfacción sexual del hombre
depende de la voluntad de ella, es una decisión consciente
que puede tomar en cualquier momento que le venga en
gana. La disposición del hombre, empero, no es de ningún modo sencillamente una función de su voluntad.
Puede en realidad sentir deseo sexual y tener una erección
en contra de su voluntad, y puede ser impotente no obs-

tante desear ardientemente lo contrario. Por otra parte,
desde el lado del hombre, la imposibilidad de funcionar
es un hecho que él no puede ocultar. La falta de respuesta
en la mujer, ya sea total o parcial, la falla de «ella», aunque frecuentemente notada por el hombre, de ningún
modo es análogamente obvia; deja margen para mucha
simulación. Si la mujer consiente con su voluntad, el
hombre puede estar seguro de quedar satisfecho toda vez
que la desee. Pero la situación de la mujer es enteramente
distinta; el deseo sexual más ardiente de su parte no lle-
vará a la satisfacción a menos que el hombre la desee lo
bastante como para tener una erección. Y aun durante el
acto sexual, para lograr su plena satisfacción la mujer
debe depender de la capacidad del hombre para hacerle
alcanzar el orgasmo. De ese modo, para satisfacer a su
pareja el hombre debe demostrar algo; la mujer, no.

De esta diferencia entre sus respectivos roles sexuales
se desprende algo más: la diferencia existente en sus angustias específicas vinculadas con la función sexual. La
angustia reside en el punto mismo donde son vulnerables
las posiciones del hombre y la mujer. La posición del
hombre es vulnerable en cuanto él debe demostrar algo,
es decir, en cuanto puede fallar potencialmente. Para él,
el contacto carnal tiene siempre el aire de una prueba, de
un examen. Su angustia específica es la de *fallar*. El caso
extremo es la angustia de castración, o sea el temor de
volverse orgánicamente, y por lo tanto permanentemente,
incapaz de actuar. La vulnerabilidad de la mujer, por su
parte, reside en su dependencia del hombre; el elemento
de inseguridad unido a su función sexual no reside en fallar, sino en ser «dejada sola», en ser frustrada, en no tener completo dominio del proceso que conduce a la satisfacción sexual. No deberá sorprender entonces que las
angustias de hombres y mujeres se refieran a esferas dis-

tintas. La del hombre se relaciona con su yo, su prestigio, su valor ante los ojos de la mujer; la de la mujer, con su placer y satisfacción sexuales.[1]

El lector se puede preguntar ahora si estas angustias no son sólo características de personalidades neuróticas. El hombre normal, ¿acaso no está seguro de su virilidad? La mujer normal, ¿duda acaso de su pareja? ¿No estaremos aquí ante el caso del hombre moderno, sumamente nervioso y sexualmente inseguro? ¿No están el «hombre de las cavernas» y la «mujer de las cavernas», con su sexualidad «primitiva» y no corrompida, libres de tales dudas y angustias?

A simple vista parecería que sí. El hombre constantemente preocupado por su virilidad representa un cierto tipo de personalidad neurótica, tal como la mujer siempre temerosa de quedar insatisfecha o abrumada por su dependencia. Aquí, tal como ocurre a menudo, la distinción entre «neurótico» y «normal» es cuestión de grado y de conciencia antes que de cualidad esencial. Lo que en la persona neurótica aparece como una angustia consciente y continua, en el llamado hombre normal es una angustia cuantitativamente leve y que pasa relativamente inadvertida. Lo mismo es válido para las mujeres. Más aún, ciertos incidentes que los individuos normales pasan por alto, sin duda despiertan angustias manifiestas en la persona neurótica. El hombre normal no duda de su virilidad. La mujer normal no teme ser frustrada sexualmente por el hombre que ha elegido como pareja sexual. Elegir con acierto al hombre en el cual puede te-

---

1. Una distinción similar, pero referida únicamente a los temores sexuales de los niños, ha sido hecha por Karen Horney en su trabajo «Die Angst vor der Frau», *Zeitschr. f. Psychoanal.*, XIII (1932), págs. 1-18.

ner «fe» sexualmente es una parte esencial de su sano instinto sexual. Pero no altera de ningún modo el hecho de que *potencialmente* el hombre puede fallar, riesgo que nunca corre la mujer. La mujer depende del deseo del hombre; éste es independiente del deseo de ella.

Hay todavía otro elemento de importancia para determinar la presencia de angustias, y de angustias *diferentes* en el hombre y la mujer normales.

La diferencia entre los sexos es la base para la más temprana y elemental división de la humanidad en grupos separados. Hombre y mujer se necesitan entre sí para el mantenimiento de la raza y la familia, así como para la satisfacción de sus deseos sexuales. Pero en cualquier situación en la que dos grupos diferentes se necesiten entre sí, aparte de elementos de armonía, cooperación y satisfacción mutuas, habrá también elementos de lucha y discordia.

Mal podría esperarse que la relación sexual entre los sexos estuviera exenta de antagonismo y hostilidad potenciales. Hombres y mujeres, junto con la capacidad para amarse, tienen una similar capacidad para el odio. En toda relación hombre-mujer, el elemento de antagonismo constituye una potencialidad, y de esta misma potencialidad puede surgir a veces el elemento de angustia. El ser amado se puede convertir en enemigo, y los respectivos puntos vulnerables del hombre y la mujer están entonces amenazados.

La clase de amenaza y angustia difieren sin embargo en el hombre y la mujer. Si la principal angustia masculina es la de fallar o no poder cumplir la tarea esperada, el impulso destinado a protegerlo de esta angustia es el deseo de prestigio. El hombre está hondamente poseído por un anhelo de demostrarse a sí mismo, a la mujer que ama, a todas las otras mujeres y a todos los otros hombres que se halla a la altura de cualquier cosa que se espere de él. Busca renovada protección contra el temor del fallo sexual compitiendo en todas las otras esferas de la vida en las cuales la fuerza de voluntad, la fuerza física y la inteligencia son útiles para asegurar el éxito. Estrechamente vinculada con su ansia de prestigio se haya su actitud competitiva hacia otros hombres. Temeroso de un posible fallo, tiende a probar que es mejor que cualquier otro hombre. El donjuán lo hace directamente en el terreno sexual; el hombre corriente indirectamente: venciendo más rivales, cazando más animales, ganando más dinero u obteniendo en otras cosas mayores éxitos que sus competidores varones.

El sistema social y económico moderno se basa sobre los principios de la competencia y el éxito; las ideologías alaban su valor, y debido a estas y otras circunstancias el afán de prestigio y la rivalidad están firmemente implantados en el ser humano común que vive dentro de la cultura occidental. Aun cuando no hubiera diferencia en los respectivos papeles sexuales, estas ansias existirían en hombres y mujeres debido a factores sociales. El impacto de estas causas sociales es tan grande que podría parecer dudoso si, en términos cuantitativos, hay en los hombres algún predominio notable del afán de prestigio como resultado de los factores sexuales que se examinan en este contexto. La cuestión de primera importancia no es sin embargo el grado en que las causas sexuales acrecientan el espíritu de competencia o rivalidad, sino más bien la necesidad de que se reconozca la presencia de factores que no sean los sociales y que promueven la competencia.

El afán masculino de prestigio echa alguna luz sobre la cualidad específica de la vanidad varonil. Se dice en general que las mujeres son más vanidosas que los hom-

bres. Si bien lo contrario puede ser cierto, lo que importa
no es la diferencia en *cantidad* sino la *naturaleza* de la
vanidad. La característica esencial de la vanidad masculina es la de hacer alardes, demostrar qué buen «ejecu-
tante» se es. Se esfuerza por afirmar que no teme fallar.
Esta vanidad parece teñir todas las actividades del varón. No hay probablemente ningún logro alcanzable por
varones, desde hacer el amor hasta los actos más osados
de la lucha o del pensamiento, que no esté teñido en alguna medida por esta típica vanidad masculina.

Otro aspecto del ansia masculina de prestigio es su
sensibilidad para el ridículo, particularmente en presencia de mujeres. Hasta un cobarde se puede convertir en
algo así como un héroe si corre el riesgo de quedar en ridículo ante mujeres, y el temor de perder la vida puede
ser en el hombre menor que su temor al ridículo. Trátase
en realidad de un rasgo típico en la pauta de heroísmo
masculino, que no es mayor que el heroísmo de que son
capaces las mujeres, pero diferente, pues se halla teñido
por la vanidad del tipo masculino.

Otro resultado de la posición precaria que el hombre
tiene ante la mujer y de su temor a que ella lo ridiculice
es su odio potencial. Este odio contribuye a exacerbar
otro afán que también tiene una función defensiva: dominar a la mujer, poder sobre ella, hacer que se sienta
débil e inferior. Si lo logra no necesita tenerle miedo. Si
ella siente temor de él —temor de ser muerta, castigada
o abandonada— no podrá ponerlo en ridículo. El poder
que tenemos sobre una persona no depende de la intensidad de nuestra pasión ni del funcionamiento de nuestra productividad sexual y emotiva. El poder depende de
factores que pueden ser mantenidos tan seguramente
como para no dar lugar a que se dude de la competencia. De paso, la promesa del poder sobre la mujer es el

consuelo que el mito bíblico de tendencia patriarcal ofrece al hombre, aun mientras Dios lo maldice.

Volvamos al problema de la vanidad. Hemos dicho que la vanidad de la mujer difiere cualitativamente de la del hombre. La vanidad masculina es demostrar que puede *hacer*, probar que nunca falla; la vanidad femenina se caracteriza esencialmente por la necesidad de atraer y por la necesidad de demostrarse a sí misma que es capaz de atraer. Verdad es que el hombre necesita atraer sexualmente a una mujer para conquistarla. Esto es particularmente válido para una cultura en la cual la atracción sexual abarca gustos y sentimientos diferenciados. Pero hay otras formas en que un hombre puede ganar a una mujer e inducirla a que sea su pareja sexual: la pura fuerza física o, más significativamente, la fuerza que dan la posición social y el dinero. Para el hombre, sus oportunidades de satisfacción sexual no dependen sólo de su atractivo sexual. Para la mujer, su satisfacción sexual depende enteramente de su atractivo. No hay fuerza o promesa que pueda hacer sexualmente potente a un hombre. El intento de la mujer de ser atractiva es requerido por su papel sexual, y de ello deriva su vanidad o su preocupación por ser atractiva.

El temor femenino a la dependencia, a la frustración, y a los roles que obligan a esperar, promueve en la mujer un deseo que Freud ha destacado especialmente: el deseo de tener el órgano genital masculino.[2] La raíz de este deseo no se halla sin embargo en el hecho de que la mujer sienta primariamente que le falta algo, que es in-

2. Véanse Clara Thompson, «What Is Penis Envy?» y la discusión siguiente por Janet Rioch, *Proceedings of the Association for the Advancement of Psychoanalysis*, Boston, Meetings, 1942.

ferior al hombre por no tener pene. Si bien en muchos casos hay otras razones, el deseo femenino de tener pene nace a menudo de su deseo de ser independiente, de no estar restringida en su actividad, de no estar expuesta al riesgo de la frustración, Así como la aspiración del hombre a ser mujer puede resultar de su deseo de verse librado de la carga de la *prueba*, la aspiración femenina a tener pene puede resultar del ansia de superar su dependencia. Además, bajo circunstancias especiales pero que se dan frecuentemente, el pene no sólo sirve como símbolo de independencia sino que, puesto al servicio de tendencias sádico-agresivas, simboliza también un arma con la cual herir a los hombres o a otras mujeres.[3]

Si el arma principal del hombre contra la mujer es el poder físico y social que tiene sobre ella, entonces la principal arma femenina es su posibilidad de ponerlo en ridículo. La manera más radical de ridiculizarlo es hacerlo impotente. La mujer puede conseguirlo de muchos modos, entre los que figuran recursos toscos y otros sutiles. Varían desde la expectativa expresada o implícita de que él fracasará, hasta la frigidez y un tipo de espasmo vaginal que torna físicamente imposible el contacto. El deseo de castrar al hombre no parece desempeñar el papel predominante que le adjudicó Freud. La castración es por cierto una manera de hacer impotente al hombre, y aparece frecuentemente cuando se dan fuertes tendencias destructivas y sádicas. Pero la meta principal de la hostilidad femenina parece ser no el daño físico sino el

---

3. En la homosexualidad femenina, una combinación de la tendencia a ser activa en contraste con el papel dependiente de «servir», acompañada por tendencias destructivas, parece ser a menudo una parte significativa del cuadro.

funcional, o sea, perturbar la capacidad de actuar del hombre. La hostilidad específica del hombre es la de *dominar* por la fuerza física, por el poder político o económico; la de la mujer es *socavar* por medio del ridículo y el desprecio.

La mujer puede dar a luz; el hombre no. Desde su punto de vista patriarcal, Freud supuso característicamente que la mujer siente envidia por el miembro masculino, pero pasó casi por alto la posibilidad de que el hombre envidiara la capacidad de la mujer para gestar hijos. Esa opinión unilateral proviene no sólo de la premisa masculina de que los hombres son superiores a las mujeres, sino que resulta también de la actitud de una civilización industrial altamente técnica, en la cual la productividad natural no está muy valorizada. De todos modos, si se consideran períodos anteriores de la historia humana, cuando la vida dependía esencialmente de la productividad de la naturaleza y no de la productividad técnica, el hecho de que las mujeres compartieran este don con el suelo y los animales hembras debe haber causado mucha impresión. El hombre es estéril, si se considera sólo el reino puramente natural. En una cultura donde lo principal era la productividad natural, se podría suponer que el hombre se sintiera inferior a la mujer, especialmente cuando su intervención en la producción de la criatura no era claramente comprendida. Se puede imaginar sin riesgo que el hombre admiraba a la mujer por esa capacidad que él no tenía, que sintiera miedo ante ella y la envidiara. Él no podía producir; sólo podía matar animales a fin de poder comerlos, o matar enemigos para poder asegurarse o apoderarse de alguna manera mágica de la fuerza que poseían.

Sin entrar a discutir el lugar ocupado por estos factores en comunidades puramente agrarias, examinaremos

brevemente los efectos de algunos cambios históricos im-
portantes. Uno de los más significativos de esos efectos
fue el creciente perfeccionamiento tecnológico en la producción. La mente se usó cada vez más para mejorar y
aumentar los varios medios de vida que originalmente
dependían sólo de los dones de la naturaleza. Si bien las
mujeres tenían originariamente un don que las hacía superiores a los hombres, y éstos compensaron originariamente tal falta empleando su habilidad para la destrucción, más tarde los hombres llegaron a usar su intelecto
como base para la producción tecnológica. En sus pri-
meras etapas era algo vinculado estrechamente con la
magia; más tarde, con el poder de su pensamiento, el
hombre produjo cosas materiales; su capacidad para la
producción técnica ha dejado ahora atrás la necesidad de
depender de la producción natural.

En lugar de extendernos ahora sobre este tema, sencillamente nos referiremos a los escritos de Bachofen,
Morgan y Briffault, quienes han recogido y analizado
brillantemente material antropológico que, aun cuando
no corrobora sus tesis, sugiere fundadamente que en va-
rias fases de la historia primitiva existieron ciertas culturas en las cuales la organización social estaba centrada
alrededor de la madre, y en las cuales las diosas-madres,
identificadas con la productividad de la naturaleza, eran
el centro de las ideas religiosas del hombre.[4]

Un ejemplo bastará. El mito babilónico de la creación
comienza con la existencia de una diosa-madre —Thia-
mat— que reina sobre el universo. Empero, su reinado es

4. Véase también Frieda Fromm-Reichmann, «Notes on the Mother
Role in the Family Group», *Bulletin of the Menninger Clinc*, IV (1940),
págs. 132-148.

amenazado por sus hijos varones, que están tramando re-
belarse y destronarla. Como líder para esta lucha buscan
a alguien con una fuerza equiparable a la de ella. Finalmente deciden que sea Marduk, pero antes de elegirlo definitivamente exigen que se someta a una prueba. ¿Cuál
es la prueba? Le traen un paño. «Con la fuerza de su
boca» debe hacer desaparecer el paño, y luego hacerlo
aparecer nuevamente con una palabra. El líder elegido,
con una palabra destruye el paño y con una palabra lo
vuelve a crear. Su liderazgo es confirmado. Derrota a la
diosa-madre y del cuerpo de ella crea los cielos y la tierra.

¿Cuál es el significado de esta prueba? Para poder
equiparar su fuerza con la de la diosa, el dios varón debe
poseer aquella cualidad que la hace superior: la capacidad de crear. La finalidad de la prueba es demostrar que
tiene esta capacidad, así como la capacidad característicamente masculina de destruir, la manera en la que el
hombre ha cambiado tradicionalmente la naturaleza. Primero destruye un objeto material, luego lo vuelve a crear;
pero lo hace con su palabra, y no con el útero como lo
hace la mujer. La productividad natural es reemplazada
por la magia del pensamiento y los procesos verbales.

El mito bíblico de la creación comienza donde termina el mito babilónico. Casi todos los vestigios de la supremacía de una diosa femenina ya han sido eliminados.
La creación comienza con la magia de Dios, la magia de
la creación por la palabra. Se repite el tema de la creación masculina; en pugna con los hechos, el hombre no es
nacido de mujer, sino que la mujer es hecha del hombre.[5]

5. Compárese con el mito griego de Atenea, nacida de la cabeza de
Zeus, y la interpretación de este mito y de los restos de religión ma-
triarcal existentes en la mitología griega, que hicieron Bachofen y Otto.

El mito bíblico es un canto triunfal sobre la mujer derro-
tada; niega que la mujer produzca hombres e invierte las
relaciones naturales. En la maldición de Dios se restituye
la supremacía masculina. Se reconoce la función femenina de parir, pero ha de ser dolorosa. El hombre está
destinado a trabajar, es decir, a producir; reemplaza así
la productividad original de la mujer, aun cuando esto
también deba ser hecho con sudores y pesares.

Nos hemos referido con cierta extensión al fenómeno
de los restos matriarcales que se encuentran en la historia de la religión, a fin de ilustrar un punto que viene al
caso en el presente contexto: el hecho de que la mujer
tiene la capacidad de productividad natural que le falta
al hombre; que en tal nivel el hombre es estéril. Hubo
ciertos períodos de la historia en que esta superioridad
de la mujer era sentida conscientemente; más adelante
todo el acento se puso en la productividad mágica y técnica del hombre. De todos modos, parece que en un sentido inconsciente esta diferencia no ha perdido ni aún
hoy todo su significado; esta capacidad que le falta, hace
que en algún sentido el hombre sienta temor de la mujer.
Es algo que le despierta envidia y a la vez miedo. En alguna parte de su carácter existe la necesidad de esfor-
zarse constantemente por compensar la falla; en alguna
parte de la mujer reside un sentimiento de superioridad
sobre él por su «esterilidad».

Hasta este momento nos hemos referido a ciertas diferencias características existentes entre hombres y mujeres y que son debidas a sus diferencias sexuales. ¿Debe
ser interpretado esto como significando que rasgos tales
como el exceso de dependencia, por una parte, y el ansia
de prestigio y espíritu de competencia, por otra, son cau-
sados esencialmente por deferencias de sexo? ¿Debe esperarse que «una» mujer y «un» hombre muestren estos

rasgos, de modo que si tienen los rasgos característicos del otro sexo tal hecho deba ser explicado por la presencia de un componente homosexual?

Serían conclusiones totalmente erróneas. La diferencia sexual tiñe la personalidad del hombre y la mujer comunes. Esta coloración puede ser comparada con el tono o el modo en que está escrita una melodía, no con la melodía misma. Por otra parte, se refiere sólo a hombres y mujeres término medio, y varía de una persona a otra.

Estas diferencias «naturales» se mezclan con diferencias provocadas por la cultura específica en que vive la gente. En nuestra cultura actual, por ejemplo, el ansia de prestigio y éxito en la competencia que se halla en los hombres tiene mucho menos relación con los papeles sexuales que con los papeles sociales. La sociedad está organizada de modo tal que necesariamente produce esas apetencias, independientemente de que estén arraigadas o no, en peculiaridades específicas masculinas o femeninas. El afán de prestigio, que está moviendo al hombre moderno desde fines de la Edad Media, está condicionado principalmente por el sistema económico y social, no por su rol sexual; lo mismo cabe decir de la dependencia femenina. Lo que ocurre es que las pautas culturales y las formas sociales pueden hacer aparecer tendencias características que corren paralelas con tendencias idénticas nacidas de fuentes totalmente diferentes, tales como las diferencias sexuales. De ser así, las dos tendencias paralelas se mezclan para formar una sola, y es como si sus fuentes fueran idénticas.

Las necesidades de prestigio y de dependencia, en cuanto son productos de la cultura, determinan toda la personalidad. La personalidad individual se reduce así a un solo segmento de toda la gama de potencialidades humanas. Pero las diferencias caracterológicas, en la medida en que están enraizadas en diferencias naturales, no pertenecen a esta clase. La razón de ello puede ser hallada en el hecho de que más profunda que la *diferencia* entre los sexos es la *igualdad* que hay entre ellos; en el hecho de que hombres y mujeres son, antes que nada, seres humanos que comparten las mismas potencialidades, los mismos deseos y los mismos temores. Cualquier cosa que sea diferente en ellos por causa de diferencias naturales, no los hace diferente *a ellos*. Provee sus personalidades, que son fundamentalmente semejantes, con leves diferencias en la acentuación de una u otra tendencia, una acentuación que aparece empíricamente como una coloración. Las diferencias que tienen por raíz las diferencias sexuales no parecen dar base para asignar a hombres y mujeres papeles diferentes en cualquier sociedad dada.

En la actualidad es evidente que cualesquiera que sean las diferencias que existen entre los sexos, ellas son relativamente insignificantes en comparación con las diferencias caracterológicas que es dable hallar entre personas del mismo sexo. Las diferencias sexuales no influyen sobre la capacidad para hacer cualquier clase de trabajo. Ciertos logros altamente diferenciados pueden tener su cualidad teñida por características sexuales —un sexo puede estar algo más dotado que el otro para efectuar alguna clase de trabajo—, pero ocurre otro tanto si se compara a un extravertido con un introvertido, un pícnico con un asténico. Sería una equivocación garrafal imaginar una diferenciación social, económica y política basada sobre tales características sexuales.

Más aún, en comparación con las influencias sociales generales que dan forma a modalidades masculinas o femeninas, salta a la vista la tremenda importancia de las experiencias individuales y, desde un punto de vista social, las experiencias accidentales de cualquier persona. Estas experiencias personales se mezclan a su vez con las pautas culturales, en la mayoría de los casos reforzando sus efectos, pero a veces reduciéndolos. Es necesario suponer que los factores sociales y personales tienen una influencia cuya fuerza sobrepasa la de los factores «naturales» antes examinados.

Es un triste comentario sobre la época el hecho de que uno se sienta obligado a destacar que las diferencias debidas al rol masculino o femenino no son susceptibles de ningún juicio de valor desde un punto de vista social o moral. En sí y por sí mismas no son buenas ni malas, ni deseables ni indeseables. El mismo rasgo aparecerá como positivo en una personalidad cuando se hallan presentes ciertas condiciones, y como rasgo negativo en otra personalidad cuando se dan otras condiciones. Es así como los rasgos masculinos de miedo al fracaso y necesidad de prestigio pueden aparecer con formas negativas por demás obvias: vanidad, falta de seriedad, informalidad, jactancia. Pero no menos obvio es el hecho de que el mismo rasgo puede resultar en características muy positivas: iniciativa, actividad, coraje. Lo mismo es válido en relación con las características femeninas, tal como se acaban de describir. Las características especiales de la mujer pueden manifestarse, y así ocurre frecuentemente, como su ineptitud para «estar parada sobre sus propios pies» en lo práctico, emocional e intelectual; pero, dadas otras condiciones, se convierten en fuente de paciencia y confianza, de intenso encanto amoroso y erótico.

El resultado positivo o negativo de una u otra característica depende de la estructura caracterológica, tomada como un todo, de la persona a la cual uno se refiera. Entre los factores de personalidad que determinan un resultado positivo o negativo figuran, por ejemplo, la

angustia o la confianza en sí mismo, la destructividad o
la constructividad. Pero no es suficiente señalar en especial uno o dos de los rasgos más aislados; sólo el *total* de
la estructura caracterológica determina que una de las
características masculinas o femeninas se convierta en
un rasgo positivo o negativo. Este principio es igual al
que Klages introdujo en su sistema grafológico. Cualquier rasgo aislado de una escritura puede tener un significado positivo o negativo, de acuerdo con lo que él denomina *formniveau* (el nivel de la forma) de la
personalidad toda. Si el carácter de alguien puede ser ca-
talogado de «metódico», ello puede significar una de dos
cosas: indicará ya sea algo positivo, a saber, que no es
«chapucero», que es capaz de organizar su vida; o puede
indicar algo negativo, a saber, que es pedante, estéril o
falto de iniciativa. Está de más decir que el rasgo de espíritu *metódico* está tanto en la raíz del resultado positivo como del negativo, pero el resultado es determinado
por un número de otros factores presentes en el total de
la personalidad. Tales factores dependen a su vez de condiciones externas que tienden ya sea a atrofiar la vida o
a promover un crecimiento genuino.

III. El psicoanálisis: ¿ciencia o línea partidista?

Es bien sabido que el psicoanálisis es una terapia para la cura de la neurosis y una teoría científica que trata de la naturaleza del hombre. Lo que es menos sabido es que también constituye un «movimiento», con una organización internacional basada sobre líneas estrictamente jerárquicas, estrictas normas de asociación, y que durante muchos años fue guiado por un comité secreto integrado por Freud y otras seis personas. En ocasiones, algunos de los representantes de este movimiento mostraron un fanatismo que por lo general sólo se encuentra en burocracias religiosas y políticas.

La comparación más próxima, dentro de lo relacionado con otra teoría revolucionaria científica, es la teoría de Darwin, cuyo impacto sobre el pensamiento moderno fue todavía más poderoso que el que produjo el psicoanálisis. ¿Pero existe un «movimiento» darwinista que determine quien está autorizado a llamarse «darwinista», y que esté rigurosamente organizado y luche fanáticamente por la pureza de la doctrina de Darwin?

Deseo demostrar primero algunas de las expresiones más drásticas y desafortunadas de este espíritu «partidista» en relación con la biografía de Freud escrita por Ernest Jones.[1] Esto parece indicado por dos razones: primero, que el fanatismo partidario de Jones lo llevó a lanzar grotescos ataques póstumos contra hombres que no estuvieron de acuerdo con Freud; y segundo, que muchos comentaristas del libro de Jones han aceptado sus datos sin ninguna crítica u objeción.

La «reescritura» de la historia hecha por Jones introduce en la ciencia un método que hasta el momento habíamos esperado encontrar sólo en la «historia» estalinista. Los estalinistas llaman «traidores» y «espías» del capitalismo a quienes defeccionan y se rebelan. El doctor Jones hace lo mismo en lenguaje psiquiátrico al proclamar que Rank y Ferenczi, los dos hombres que estuvieron más estrechamente ligados con Freud y que más tarde se apartaron de él en muchos aspectos, habían sido psicóticos durante muchos años. La conclusión es que sólo su insania explica el crimen de haber abandonado a Freud, y en el caso de Ferenczi, que sus quejas por las asperezas e intolerancias de Freud son *ipso facto* testimonio de psicosis.

Ante todo, es notable que durante largos años, antes de que se planteara alguna cuestión sobre la «deslealtad» de Rank o Ferenczi, dentro del comité secreto ocurrieran violentas luchas y celos entre Abraham, Jones y, hasta

---

1. Ernest Jones, *The Life and Work of Sigmund Freud*, Nueva York, Basic Books, Inc., 1953-1957. [Trad. cast.: *Vida y obra de Sigmund Freud*, Buenos Aires, Nova, 1959.]

cierto punto. Eitingon por una parte y Rank y Ferenczi por la otra. Ya en 1943, cuando Rank publicó su libro sobre el trauma del nacimiento, que en ese momento mereció el beneplácito de Freud, Abraham, «alentado al enterarse de que Freud admitía la crítica», sospechó que Rank andaba también por la senda de «traición» de Jung.

Si bien en un principio Freud reaccionó con tolerancia ante las nuevas teorías de Rank, más tarde, probablemente bajo la influencia de las intrigas e insinuaciones de la facción Jones, y debido también a la franca renuencia de Rank a modificar sus líneas teóricas, Freud rompió con él. En aquella época Freud se refirió a la neurosis de Rank como causante de algunas de sus desviaciones y admitió además que en quince años «ni de lejos se le había ocurrido la idea de que Rank necesitara tratamiento analítico».

Sea como fuere, Freud habla de *neurosis* y no de *psicosis*. Jones sugiere que Freud reprimió el conocimiento de que Rank padeciera una «psicosis maníaco-depresiva», un conocimiento que, según se supone, Freud había tenido «desde hace años». A la vista de las propias palabras de Freud que se acaban de mencionar, la sugestión de Jones no es del todo convincente. (También debido al hecho de que la única referencia al supuesto conocimiento de Freud es una carta que éste remitió a Ferenczi en el mismo año, no años antes.) Se construye toda una historia para explicar la existencia de esta supuesta psicosis. Sus cimientos son echados en los cinco años que siguieron a la Primera Guerra Mundial, durante los cuales Rank trabajó duramente, y de manera satisfactoria en la dirección de los asuntos de una editorial psicoanalítica de Viena. Estos cinco años, «en cuyo transcurso Rank mantuvo este *tempo* furioso, deben haber sido un factor que contribuyó a su ulterior colapso mental». Es sumamente inusitado que un psiquiatra, y mucho menos un psicoanalista, explique una psicosis maníaco-depresiva como causada en parte por un exceso de trabajo.

Para 1923 «había surgido el espíritu maligno de la disensión». En aquel momento Freud culpó a Jones y Abraham de la desintegración del comité central. Pero a la postre Jones estaba llamado a triunfar sobre sus rivales. «Sólo luego del lapso de unos pocos años se pusieron en evidencia las fuentes verdaderas del conflicto: *a saber, la decadencia de la integridad mental de Rank y Ferenczi.*» Esto lleva a la declaración que remató el asunto. Los perdedores de esta pugna entre facciones, Rank y Ferenczi, habían llevado durante años el germen de la psicosis, pero tales gérmenes se pusieron en evidencia sólo cuando los dos hombres dejaron de estar de acuerdo con Freud. Cuando se rehusaron a apaciguar a Freud estalló la psicosis. Tal como lo expone Jones con una franqueza reconfortante, la esperanza de Freud,

> ...al fundar el·Comité, era que nosotros seis estuviéramos adecuadamente dotados para tal función. Pero resultó, ¡ay!, que sólo cuatro de nosotros lo estábamos. Dos de los miembros, Rank y Ferenczi, no fueron capaces de soportar hasta el final. Rank, de manera dramática... y Ferenczi mostró más gradualmente hacia el final de su vida manifestaciones psicóticas que se *revelaron, entre otras cosas, en un apartarse de Freud y sus doctrinas. La semilla de una psicosis destructiva, durante tanto tiempo invisible, había germinado finalmente.* (La cursiva es mía.)

De ser verdad lo que escribe Jones, fue por cierto un fallo sorprendente por parte de Freud que no haya visto entonces el conflicto manifiesto, el desarrollo psicótico de dos de sus discípulos y amigos más íntimos. Jones no hacía ningún intento de ofrecer pruebas objetivas para fundar su comentario acerca de la supuesta psicosis maníaco-depresiva de Rank. No tenemos más que las palabras de Jones, es decir, la afirmación de un hombre que durante muchos años tejió intrigas alrededor de Rank y sospechado de su lealtad en esta guerra declarada en la corte que rodeaba a Freud. Por otra parte, hay una abundancia de pruebas que indican lo contrario. Me remito sólo a una afirmación hecha por el doctor Harry Bone, un psicoanalista de Nueva York que había conocido a Rank desde 1932 y que tuvo un frecuente contacto personal con él hasta su muerte. Dice el doctor Bone:

> En todas las numerosas ocasiones y en las sumamente diversas situaciones en que tuve la oportunidad de verlo en acción y en reposo no advertí ninguna manifestación ya sea de psicosis o de cualquier otra clase de anormalidad mental.[2]

Rank llegó al menos a una ruptura franca con Freud, pero Ferenczi nunca hizo tal cosa. Es por ellos tanto más sorprendente que Jones haya acusado también a Ferenczi de traidor. Tal como en el caso de Jung y Rank, se supone que la historia de la traición comenzó con un fatal viaje a América. Cuando Ferenczi deseó ir a Nueva York, algún «presagio intuitivo, probablemente basado sobre las desdichadas secuelas de visitas similares hechas por Jung y Rank», hizo que Jones le aconsejara desistir de su propósito. De todos modos, plenamente apoyado por Freud, Ferenczi partió hacia los Estados Unidos, y, dice

---

2. Comunicación personal.

Jones, «los resultados dieron razón a mis presentimientos. Luego de ese viaje Ferenczi ya no fue más el mismo, aun cuando fue necesario que transcurrieran otros *cuatro o cinco años antes de que a Freud se le hiciera manifiesta la depresión mental de Ferenczi*. (La cursiva es mía.)

Las fantásticas rivalidades entre Jones y Ferenczi parecen haber continuado en los años siguientes. Ferenczi sospechó de la sinceridad de Jones y le adjudicó la ambición, movida por motivos financieros, de unir las naciones anglosajonas bajo su cetro, el cetro de Jones. Según palabras de Jones, «eso hizo que Freud se indispusiera conmigo». Pero las fuerzas que se oponían a Ferenczi parecen haber triunfado al final. Freud escribe a Ferenczi en diciembre de 1929:

> Es indudable que en los últimos años usted se ha apartado de mí, pero espero que no hasta el punto de hacer probable la creación de un nuevo análisis opositor por parte de mi paladín y gran visir secreto.

¿Cuál era la esencia de la diferencia teórica entre Freud y Ferenczi? Ferenczi se había impresionado mucho por la importancia de la falta de afecto parental, y creyó que para curarse el paciente necesitaba algo más que «interpretaciones», que necesitaba la clase de amor materno que le había sido negado cuando niño. Frente al paciente, Ferenczi abandonó la actitud de observador frío e impersonal para adoptar la conducta de un ser humano afectuoso y participante, y se sintió sumamente entusiasmado por los resultados terapéuticos de la nueva actitud. En un principio Freud pareció reaccionar con tolerancia ante la innovación. Pero su postura cambió, aparentemente porque Ferenczi no estaba suficientemente preparado para apaciguarlo, pero probablemente también porque las sospechas arrojadas sobre Ferenczi por la facción Jones habían surtido efecto.

Ferenczi vio a Freud por última vez en 1932, antes del Congreso de Wiesbaden. Esta visita fue una ocasión verdaderamente trágica. Freud resumió sus impresiones finales del hombre que había sido su adepto y amigo devoto desde los primeros años del movimiento, en el siguiente telegrama dirigido a Eitington: «Ferenczi inaccesible, impresión no satisfactoria». Inmediatamente después que tuvo lugar la visita, Ferenczi habló de ella con la doctora Clara Thompson[3] en el tren que los llevaba de Viena a Alemania. Dijo que la entrevista había sido «terrible» y que Freud le había expresado que si bien podría leer un trabajo en el Congreso Psicoanalítico de Wiesbaden, debía prometerle que no lo publicaría. Poco después Ferenczi notó sus primeros síntomas de anemia perniciosa, la enfermedad que provocó su muerte un año más tarde.

Pero poco antes de su último encuentro con Freud, Ferenczi le dijo a la señora Izette de Forest[4] cuán apesadumbrado y herido se había sentido por la forma áspera y hostil en que lo había tratado Freud.[5] Este tratamiento recibido por Ferenczi es prueba de una intolerancia notable. Sin embargo, la incapacidad de Freud de perdonar a un ex amigo que se había apartado de él se demuestra aún

3. Una alumna y amiga de Ferenczi actualmente directora del *William Alanson Institute of Psychiatry, Psychoanalysis and Psychology* de Nueva York.

4. Una alumna y amiga de Ferenczi, psicoanalista y autora de *The Leaven of Lore*, que contiene una excelente exposición de las nuevas ideas de Ferenczi sobre la técnica analítica.

5. Comunicación personal.

más drásticamente en el odio despreciativo que expresó a
la muerte de Alfred Adler:

> Para un muchacho judío salido de un suburbio vienés,
> haber muerto en Aberdeen, ya es en sí una carrera extra-
> ordinaria, y prueba hasta qué punto había progresado. En
> realidad, el mundo le pagó con largueza su servicio de con-
> tradecir al psicoanálisis.

En el caso de Ferenczi, calificar esta actitud de «áspera» o de «casi enemistad», tal como lo hizo Izette de
Forest en *The Leaven of Love*, es dar una imagen demasiado pálida. Sin embargo, Jones, que niega que Freud
tuviera vestigio alguno de autoritarismo e intolerancia,
asegura llanamente que no es verdad tal historia de hostilidad, «aun cuando sea sumamente probable que Ferenczi mismo, en su estado *delirante final*, haya creído en
la historia y propagado elementos de ella».

Sólo unas pocas semanas antes de su muerte, Ferenczi
hizo llegar a Freud felicitaciones por su cumpleaños, pero
supuestamente «la perturbación mental había avanzado
rápidamente en los últimos meses». De acuerdo con
Jones (que no señala la fuente de origen), Ferenczi relató
que una de sus pacientes americanas lo había analizado,
curándolo así de todos sus males, y que a través del
Atlántico recibía mensajes de ella. Jones debe admitir,
empero, que Ferenczi había sido siempre un firme
creyente en la telepatía, lo que más bien anula la «prueba»
de la locura de Ferenczi. La única «prueba» disponible es
«el *delirio* acerca de la supuesta hostilidad de Freud». Ev-
identemente, Jones supone que sólo una mente enferma es
capaz de acusar a Freud de autoritarismo y hostilidad.

Jones hace culminar en este momento la historia de la
supuesta psicosis de Ferenczi, cuyos gérmenes parecían

existir desde antes. Cuando la anemia atacó la médula espinal y el cerebro, esto, según Jones, fue indudablemente «exacerbado por sus tendencias psicóticas *latentes*». En casi su última carta a Freud, luego del advenimiento de Hitler al poder, Ferenczi le sugirió a Freud que se marchara a Inglaterra. Este consejo bastante realista es interpretado por Jones como signo «de que había cierto *método en su locura*». «Eventualmente, ya casi al final, aparecieron *violentos ataques paranoicos y hasta homicidas*, que fueron seguidos por su muerte repentina, que ocurrió el 24 de mayo». Jones no habla de ningún conocimiento de primera mano, ni tampoco ofrece ninguna clase de prueba o testimonio de la psicosis de Ferenczi o de los «violentos ataques paranoicos o hasta homicidas». En vista de ello y de las declaraciones siguientes, deben juzgarse falsas las afirmaciones de Jones acerca de la psicosis de Rank y Ferenczi, y también las que dejan margen para sospechar que son fabulaciones dictadas por deseos inconscientes originados en viejos celos personales y en el propósito de poner a Freud a salvo de la crítica de haber sido hiriente y áspero con hombres que habían sentido por él una profunda amistad. (No es mi intención acusar al doctor Jones de una falta consciente de sinceridad; el que conflictos inconscientes puedan vencer intenciones conscientes es sin embargo otro asunto, que constituye precisamente el tema básico del psicoanálisis.)

Jones no vio a Ferenczi en el último año de su enfermedad. Pero la doctora Clara Thompson, que estuvo con Ferenczi desde 1932 hasta el día de su muerte, declara:

...aparte de los síntomas de su enfermedad física, en sus reacciones no observé nada psicótico. Lo visitaba regularmente y hablaba con él, y no hay un solo incidente, aparte de las dificultades de la memoria, capaz de justificar el cuadro trazado por Jones de un Ferenczi psicótico o movido por impulsos homicidas.

El doctor Michael Balint, uno de los discípulos de mayor confianza de Ferenczi y albacea de su patrimonio literario, también está en desacuerdo con la afirmación del doctor Jones. Escribe:

> No obstante su estado neurológico sumamente grave (vinculado con su anemia perniciosa) su mente siguió lúcida hasta el fin, lo que puedo dar fe por mi experiencia personal, ya que durante los últimos meses lo visité con frecuencia, prácticamente una o dos veces por semana.[6]

La señora Elma Lauvrik, hijastra de Ferenczi, que también estuvo con él hasta su muerte, me hizo llegar una declaración escrita que confirma plenamente lo dicho por los doctores Thompson y Balint.

He ofrecido una descripción tan detallada de las construcciones fantásticas del doctor Jones, animado, en parte, por el propósito de defender la memoria de hombres dotados y consagrados que ya no pueden defenderse y, en parte, para demostrar con un ejemplo concreto el espíritu partidista que se puede hallar en ciertos sectores del movimiento psicoanalítico. Si uno sospechó previamente la existencia de tal espíritu en el movimiento psicoanalítico, entonces la obra de Jones, especialmente en la forma en que trata a Rank y Ferenczi en el tercer volumen, confirma esta sospecha en todos sus detalles.

---

6. Comunicación personal.

El interrogante que surge ahora es: *¿Cómo pudo el psicoanálisis, una teoría y una terapia, transformarse en esta clase de movimiento fanático?* La respuesta podrá hallarse sólo mediante un examen de los motivos que impulsaron a Freud a desarrollar el movimiento psicoanalítico.

Visto superficialmente, Freud no es por cierto más que el creador de una *nueva terapia para tratar enfermedades mentales*, y éste fue el tema básico al que dedicó su interés principal y todos sus esfuerzos. Sin embargo, si miramos más detenidamente, hallamos que detrás de este concepto de una terapia médica para la cura de la neurosis había una intención totalmente distinta, rara vez expresada por Freud y quizá también rara vez consciente. Este concepto oculto e implícito se refería principalmente no a la cura de enfermedades mentales sino a algo que trascendía el concepto de curación y enfermedad. ¿Qué era este algo?

Luego de cuatro décadas de actividad médica, el conocimiento que poseo de mí mismo me dice que jamás he sido médico en sentido estricto. Llegué a médico por haber sido obligado a desviarme de mi propósito original; y el triunfo de mi vida reside en el hecho de haber encontrado, luego de un largo rodeo, la senda que lleva a lo que fue mi primera inclinación...

¿Cuál era esa primera inclinación que Freud reencontró? Lo dice muy claramente en el mismo párrafo: «En mi juventud sentí una abrumadora necesidad de *comprender algo de los enigmas del mundo en que vivimos, y tal vez hasta de contribuir con algo para su solución*». (La cursiva es mía.)

El interés por los enigmas del mundo y el deseo de contribuir con algo para su solución fueron muy activos en Freud mientras cursaba la escuela secundaria, en especial durante los últimos años, y él mismo declara: «Bajo la poderosa influencia de una amistad escolar con un joven bastante mayor que yo, que luego llegó a ser un político de nombre, me nació el deseo de estudiar derecho como él y de dedicarme a actividades sociales». Este amigo de la escuela, un socialista, Heinrich Braun, estaba llamado a ser líder del movimiento socialista. Tal como dice Freud en alguna otra parte, era la época en que el emperador nombró los primeros ministros burgueses, lo que despertó enorme júbilo en los hogares de la clase media liberal, en especial en la *intelligentsia* judía. Por aquel tiempo Freud se había sentido muy atraído por los problemas del socialismo, por un futuro como líder político, y su intención fue la de estudiar derecho como el primer paso en esta dirección. Ya en los años en que trabajaba como asistente en un laboratorio fisiológico, Freud tuvo plena conciencia de que debía dedicarse a una causa. En 1881 le escribió a su prometida:

> La filosofía, que siempre he imaginado como meta y refugio de mi vejez, me resulta cada día más atractiva, así como los asuntos humanos en general, o cualquier causa a la que a toda costa pudiera dedicar mi devoción; pero el temor a la suprema incertidumbre de todas las cuestiones políticas y locales me mantiene alejado de esa esfera.

Sin embargo, el interés político de Freud —si empleamos la palabra «interés» con un sentido más bien amplio—, su identificación con líderes que eran ya sea conquistadores o los grandes benefactores de la humanidad, no eran de ningún modo de una fecha tan reciente como sus últimos años de la carrera secundaria. Ya como muchacho había sentido una gran admiración por Aníbal, que lo llevó a una identificación con el guerrero cartaginés que mantuvo a lo largo de toda su vida, tal como se advierte claramente en sus propias palabras. La identificación de Freud con Moisés fue probablemente aún más profunda y duró más tiempo. Hay pruebas para esta afirmación. Baste decir aquí que Freud se identificó con Moisés, quien condujo una masa de gente ignorante hacia una vida mejor, una vida racional y de pasiones controladas. Otra indicación de la misma actitud fue el interés que demostró Freud en 1910 por adherirse a la «Fraternidad Internacional por la Ética y la Cultura». Jones informa que Freud preguntó a Jung si consideraba viable tal actitud, y que sólo tras respuesta negativa de Jung abandonó la idea. Sin embargo, el Movimiento Psicoanalítico Internacional, fundado poco tiempo más tarde, habría que convertirse en la continuación directa de la idea de la mencionada fraternidad.

¿Cuáles eran la meta y el dogma de este movimiento? Quizás en ninguna parte lo expresó Freud más claramente que en la frase: «Donde estuvo el *ello* debe estar el *yo*». Su fin era dominar las pasiones irracionales por la razón: dentro de las posibilidades humanas, liberar al hombre de la pasión. Estudió las fuentes de las pasiones para ayudar al hombre a dominarlas. Su meta era la verdad, el conocimiento de la realidad; este conocimiento era para él la única luz capaz de guiar al hombre. Estas metas eran los objetivos tradicionales del racionalismo, del iluminismo y de la ética puritana. El acierto genial de Freud fue vincularlas con una nueva penetración psicológica en la dimensión de las fuentes ocultas e irracionales del comportamiento humano.

Se ve en muchas de las expresiones de Freud que su interés iba más allá de una cura médica como tal. Se

refiere a la terapia psicoanalítica como «la liberación del
ser humano», al analista como alguien que debe servir de
«modelo» y actuar como «maestro»; y afirma que «la
relación entre analista y paciente se basa sobre el amor
por la verdad, es decir, un reconocimiento de la realidad,
para excluir cualquier clase de engaño o falsedad».

   ¿Qué se desprende de todo esto? Si bien en consecuencia Freud no era más que un hombre de ciencia y un
terapeuta, inconscientemente era —y deseaba ser— uno
de los grandes líderes culturales y éticos del siglo XX.
Ansiaba conquistar el mundo con su dogma racionalista
puritano y conducir al hombre hacia la única —y muy
limitada— salvación de que era capaz: la conquista de la
pasión por el intelecto. Para Freud, esto —y no cualquier
religión o cualquier solución política como el socialismo— era la *única* respuesta válida para el problema
del hombre.

   El movimiento de Freud estaba imbuido del entu-
siasmo del racionalismo y liberalismo de los siglos XVIII y
XIX. El destino trágico de Freud fue que luego de la
guerra este movimiento ganó popularidad entre la clase
media urbana y la clase intelectual, faltas de fe y de
radicalismo político o filosófico. De allí que el psicoanálisis se convirtió en el sustituto de un interés radical
filosófico y político, un nuevo credo que demandaba
poco de sus adherentes, salvo aprender la nomenclatura.

   Es precisamente esta función lo que ha hecho tan
popular en la actualidad al psicoanálisis. La burocracia
que heredó el manto de Freud capitaliza esta popularidad, pero heredó poca de su grandeza y de auténtico
radicalismo. Sus miembros pugnaron entre ellos con
intrigas y maquinaciones minúsculas, y el mito «oficial»
acerca de Ferenczi y Rank sirvió para eliminar a los dos
únicos discípulos productivos e imaginativos del grupo

original que habían quedado luego de las defecciones de Adler y Jung. Pero creo que el psicoanálisis, para poder seguir y desarrollar los descubrimientos básicos de Freud, debe revisar, desde el punto de vista del pensamiento humanístico y dialéctico, muchas de sus teorías, concebidas en el espíritu del materialismo fisiológico del siglo XIX. Este trasladar a Freud a un nuevo tono debe estar basado en una visión dinámica del hombre, arraigada en una clara y honda percepción de las condiciones específicas de la existencia humana. Las metas humanísticas de Freud, que van más allá de la enfermedad y la terapia, podrán entonces encontrar una expresión nueva y más adecuada, pero sólo si el psicoanálisis deja de ser gobernado por una burocracia estéril y recupera su osadía original para ir en pos de la verdad.

IV. El carácter revolucionario

Decir «carácter revolucionario» es referirse a un concepto político-psicológico. En este sentido se asemeja al concepto de carácter autoritario, que fue introducido en la psicología hace unos treinta años. En este último, una categoría política, la de la estructura autoritaria en el Estado y la familia, se combinaba con una categoría psicológica, la estructura de carácter, que constituye la base para tal estructura política y social.

El concepto del carácter autoritario tuvo origen en ciertos intereses políticos. Alrededor del año 1930 en Alemania deseábamos determinar qué posibilidades había de que Hitler fuera derrotado por la mayoría de la población.[1] En el año 1930, la mayoría de la población

1. La dirección del estudio estuvo a mi cargo y conté con un número de colaboradores, que incluía al doctor E. Schachtel. El doctor

germana, en especial los obreros y empleados, estaba en
contra del nazismo. Estaban del lado de la democracia,
tal como lo habían demostrado las elecciones políticas y
gremiales. La *cuestión* era si serían capaces de luchar
por sus ideas en caso de llegarse a una lucha. La *premisa*
era que tener una opinión es una cosa, y otra tener una
convicción. O para expresarlo de otro modo, cualquiera
puede adquirir una opinión, así como puede aprender un
idioma extranjero o una costumbre de otro país, pero las
opiniones enraizadas en la estructura caracterológica de
una persona, respaldadas por la energía contenida en su
carácter, son las únicas opiniones que se *convierten en
convicciones*. Las ideas, no obstante ser fáciles de aceptar
si la mayoría las proclama, tienen un *efecto* que en gran
parte depende de la estructura de carácter de una
persona en una situación crítica. El carácter, tal como
dijo Heráclito y demostró Freud, es el destino del hombre. La estructura del carácter decide qué clase de ideas
elegirá un hombre y determina también la fuerza de la
idea elegida. Ésta es por cierto la enorme importancia
del concepto freudiano del carácter, ya que trasciende el
concepto tradicional de conducta y se refiere a aquella
conducta que está cargada dinámicamente; de modo que
un hombre no sólo piensa de cierta manera sino que su
mismo pensamiento tiene por raíz sus inclinaciones y
emociones.

La pregunta que formulamos en aquella oportunidad
fue: ¿hasta qué punto tienen los obreros y empleados
germanos una estructura de carácter opuesta a la idea au-

P. Lazarsfeld, que se desempeñó como asesor de la parte estadística,
pertenecía al Instituto de Investigaciones Sociales de la Universidad de
Francfort, dirigida entonces por el doctor M. Horkheimer.

toritaria del nacionalsocialismo? Y ello implicaba aún otro
interrogante. Llegada la hora crítica, ¿hasta qué punto
combatirán este régimen político los obreros y empleados
germanos? Se hizo un estudio y el resultado obtenido fue
que, en términos generales, un diez por ciento de esos obreros y empleados tenían lo que llamamos una estructura de
carácter autoritaria; aproximadamente un quince por
ciento tenía una estructura democrática, y la vasta mayoría
—más o menos un setenta y cinco por ciento— era gente
cuyo carácter tenía una estructura formada por una mezcla
de ambos extremos.[2] El supuesto teórico era que los autoritarios serían «nazis» fervientes, los «democráticos»
antinazis militantes, y la gran mayoría ni una cosa ni otra.
Estos supuestos teóricos resultaron ser más o menos exactos, tal como lo comprobaron los hechos ocurridos en el
período comprendido entre los años 1933 y 1945.[3]

Para nuestra finalidad bastará decir ahora que el
carácter autoritario es la estructura caracterológica de
una persona cuyo sentido de fuerza e identidad se basa
en una subordinación simbiótica a las autoridades, y al
mismo tiempo en una dominación simbiótica de los so-

2. El método usado consistió en examinar las respuestas formula-
das individualmente ante un cuestionario de preguntas abiertas, inter-
pretando su significado inconsciente y no intencionado, a diferencia de
la respuesta manifiesta. Si al preguntársele «¿qué hombres de la historia admira más?», un individuo respondía diciendo: «Alejandro el
Grande, Napoleón, César, Marx y Lenin», la respuesta era calificada de
«autoritaria», pues la combinación demostraba una admiración por
dictadores y líderes militares. Si la respuesta era «Sócrates, Pasteur,
Kant, Marx y Lenin», lo clasificábamos como democrático, ya que admiraba a benefactores de la humanidad y no a gente con poder.

3. El tema fue tratado posteriormente, con mayor refinamiento de
método que en el estudio general, en un trabajo de T. W. Adorno y otros.
The Authoritarian Personality; Nueva York. Harper & Brothers, 1950.

metidos a su autoridad. Ello equivale a decir que la persona autoritaria se siente fuerte cuando se puede someter y ser parte de una autoridad que (hasta cierto punto respaldada por la realidad) es inflada y endiosada, y cuando al mismo tiempo tal persona puede hincharse incorporando a aquellos sometidos a su autoridad. Trátase de un estado de simbiosis sadomasoquista que le proporciona un sentimiento de fuerza y un sentimiento de identidad. Al ser parte del «grande» (cualquiera que sea), se hace grande; si estuviera solo, sin nadie, se reduciría a nada. Por esta sola razón, una amenaza a la autoridad y una amenaza a su estructura personal autoritaria es para este carácter una amenaza a sí mismo, una amenaza a su cordura. De allí que esté obligado a luchar contra esta amenaza al autoritarismo como lo haría ante algo que hiciera peligrar su vida o su cordura.

Para hacer ahora referencia al concepto de *carácter revolucionario* me agradaría comenzar enumerando lo que creo que el carácter revolucionario *no es*. Está de más decir que el carácter revolucionario no es una persona que participa en revoluciones. Tal es exactamente el punto de diferencia entre conducta y carácter en el sentido dinámico freudiano. Hay un número de razones que pueden hacer que uno participe en una revolución independientemente de lo que siente, siempre que obre para la revolución. Pero el hecho de que *actúe* como revolucionario poco nos dice sobre su carácter.

El segundo punto de lo que un carácter revolucionario *no es* resulta algo más difícil de exponer. El carácter revolucionario no es un *rebelde*. ¿Qué significo con esto?[4]

4. Tuve oportunidad de tratar este tema más detalladamente en un libro anterior, *El miedo a la libertad*, Buenos Aires, Paidós, 1968.

Me inclinaría a definir al rebelde como una persona que está hondamente resentida contra la autoridad por no ser apreciada, por no ser querida, por no ser aceptada. Un rebelde es alguien que desea echar abajo la autoridad a causa de su resentimiento y, como resultado, asumir él mismo la autoridad en lugar de la que ha derribado. Y es frecuente que, en el preciso momento en que alcanza su meta, establezca amistad con la misma autoridad que antes había combatido con tanto encono.

El tipo caracterológico del rebelde es perfectamente conocido en la historia política del siglo XX. Tómese por ejemplo una figura como la de Ramsay MacDonald, que comenzó siendo pacifista y recalcitrante moralista. Una vez que adquirió poder suficiente dejó el Partido Laborista para unirse a las mismas autoridades que había combatido durante tantos años, y justamente el día de su incorporación al gobierno nacional le dijo a Snowden, su amigo y ex camarada: «Hoy todas las duquesas de Londres querrán darme un beso en cada mejilla». Tenemos aquí el tipo clásico de rebelde que se vale de la rebelión para poder erigirse en autoridad.

Algunas veces el resultado llega después de años; otras todo va más rápido. Si se considera por ejemplo una personalidad como la del desdichado Laval en Francia, que comenzó como rebelde, se recordará que antes de haber transcurrido mucho tiempo había ganado suficiente capital político como para estar listo para venderse. Podría nombrar a muchos otros, pero el mecanismo psicológico es siempre el mismo. Casi se podría decir que la vida política del presente siglo es un cementerio que contiene las tumbas morales de gentes que empezaron como supuestos revolucionarios y resultaron ser nada más que rebeldes oportunistas.

Hay algo más que el carácter revolucionario no es, y que es un tanto más complicado que el concepto del rebelde: no es un *fanático*. En el sentido de la conducta, los revolucionarios son a menudo fanáticos, y en este punto salta particularmente a la vista la diferencia entre conducta política y estructura del carácter, al menos tal como yo me imagino el carácter del revolucionario. ¿Qué quiero significar con fanático? No me refiero a un hombre que tiene una convicción. (Podría mencionar que en la actualidad es de buen tono llamar «fanático» a cualquiera que tenga una convicción, y «realista» a quien carece por completo de ella, o cuyas convicciones duran muy poco.)

Creo que es posible definir clínicamente al fanático como una persona excesivamente narcisista; en realidad, alguien muy próximo a la psicosis (depresión, mezclada muchas veces con inclinaciones paranoides), una persona que, como cualquier psicótico, está totalmente desconectada del mundo exterior. Pero el fanático ha dado con una solución que lo pone a salvo de la psicosis manifiesta. Ha elegido una causa, no importa cuál sea ésta: política, religiosa, o cualquier otra, y vive para endiosarla. Ha convertido esta causa en un ídolo. De este modo, al someterse plenamente a su ídolo, le halla un sentido vehemente a la vida, una razón para vivir, pues en su sumisión se identifica con el ídolo, al que ha inflado y convertido en un absoluto.

Si buscáramos un símbolo para el fanático, no habría otro mejor que el *hielo ardiente*. Es una persona apasionada y al mismo tiempo extremadamente fría. Está plenamente desconectada del mundo, y poseída sin embargo por una pasión ardiente, la pasión de participar en lo Absoluto y de someterse a éste. Para reconocer el carácter de un fanático, antes que escuchar lo que dice se deberá estar atento a ese particular centelleo de sus ojos, esa pasión fría, que es la paradoja del fanático: a saber, una total ausencia de conexión, mezclada con una adoración apasionada por su ídolo. El fanático está cerca de lo que el profeta llama un «adorador de ídolos». No hace falta anotar que el fanático ha desempeñado siempre un gran papel en la historia, y con mucha frecuencia ha adoptado la pose de revolucionario, pues a menudo lo que dice es exactamente —o suena exactamente como tal— lo que podría decir un revolucionario.

He intentado explicar lo que considero que *no es* el carácter revolucionario. Creo que el concepto caracterológico del revolucionario es en la actualidad un concepto importante, tal vez tan importante como el concepto de carácter autoritario. Vivimos por cierto en una era de revoluciones que se inició hace unos trescientos años, comenzando con las rebeliones políticas de los ingleses, los franceses y los americanos y continuando con las revoluciones sociales de Rusia, China y, en este preciso momento, de América latina.

En estos tiempos revolucionarios, la palabra «revolucionario» continúa siendo muy atractiva en muchos lugares del mundo, como calificación positiva de gran número de movimientos políticos. En verdad, todos estos movimientos que usan la palabra «revolucionario» *proclaman* metas muy similares, a saber: que luchan por la libertad y la independencia. Pero en realidad algunos lo hacen y otros no; con lo que significo que si bien algunos luchan verdaderamente por la libertad e independencia, otros se valen del eslogan «revolucionario» para luchar por el establecimiento de regímenes autoritarios, pero con las riendas en manos de una elite diferente.

¿Cómo podríamos definir una revolución? De acuerdo con el diccionario podríamos decir sencillamente que es el derrocamiento, pacífico o violento, de un gobierno existente y su reemplazo por un nuevo gobierno. Se trata por supuesto de una definición política muy formal y que particularmente no tiene mayor significado. En un sentido algo más marxista, podríamos definir una revolución como el reemplazo de un orden existente por otro históricamente más progresista. Naturalmente, aquí surge siempre la pregunta de quién decide lo que es «históricamente más progresista» Por lo general es el vencedor, al menos en su propio país.

Finalmente, podríamos definir la revolución en un sentido psicológico diciendo que es un movimiento político guiado por personas con caracteres revolucionarios, y que atrae a otras, también con caracteres revolucionarios. Naturalmente, no es una definición académicamente aceptable, pero es una formulación provechosa desde el punto de vista del presente ensayo, ya que subraya claramente la pregunta que se discutirá a continuación, a saber: ¿qué es un carácter revolucionario?

El rasgo fundamental del «carácter revolucionario? es el ser *independiente*, es decir, ser *libre*.

Se podrá notar fácilmente que independencia es lo opuesto del lazo simbiótico con los poderosos de arriba y con los impotentes de abajo, tal como expliqué anteriormente al referirme al carácter autoritario. Pero ello no aclara suficientemente el significado de «independencia» y «libertad». La dificultad reside precisamente en el hecho de que las palabras «independencia» y «libertad» se usan actualmente con la implicación de que en un sistema democrático todos son libres e independientes. Tal concepto de independencia y libertad tiene sus raíces en la revolución de la clase media contra el orden feudal y ha ganado nueva fuerza al ser contrastado con los regímenes totalitarios. Durante el orden absolutista feudal y monárquico, el individuo no era ni libre ni independiente. Estaba sometido a reglas y órdenes, ya sea tradicionales o arbitrarias, impuestas por aquellos que estaban por encima de él. Las revoluciones burguesas triunfantes en Europa y América dieron al individuo independencia y libertad política. Esta libertad era «libertad *de algo*», una independencia *de* las autoridades políticas.

No hay duda que esto constituyó un progreso importante, aun cuando el industrialismo de nuestros tiempos haya creado nuevas formas de dependencia en la frondosidad de las burocracias, en contraste con la independencia e iniciativa libre de trabas del hombre de negocios del siglo XIX. El problema de la independencia y libertad cala sin embargo mucho más hondo que los términos de libertad e independencia, en el sentido que se acaba de mencionar. El problema de la independencia es en realidad el aspecto más fundamental del desarrollo humano, siempre y cuando lo veamos en toda su profundidad y alcance.

El infante recién nacido sigue siendo uno con su medio circundante. El mundo externo todavía no existe para él como una realidad separada de sí mismo. Pero aun cuando la criatura pueda reconocer objetos que están por fuera de él, continúa desvalido durante largo tiempo, y no podría sobrevivir sin la ayuda de la madre y el padre. Esta prolongada necesidad de ayuda del ser humano, en contraste con el animal de corta edad, constituye una de las bases para su desarrollo, pero también enseña al niño a apoyarse sobre el poder, y a temerlo.

Normalmente, en los años que median entre el nacimiento y la pubertad, los padres son los que representan el poder y su doble aspecto: el de ayudar y el de castigar. Alrededor de la época de la pubertad la persona joven ha alcanzado una etapa de desarrollo en la que puede defenderse por sí sola (por cierto, en las sociedades agrarias más simples), y ya no debe necesariamente a sus padres su existencia social. Se puede independizar económicamente de ellos. En muchas sociedades primitivas la independencia (particularmente de la madre) se expresa por medio de ritos de iniciación, los cuales no afectan sin embargo la dependencia del clan en su aspecto masculino. La maduración de la sexualidad es otro factor que promueve el proceso de emancipación de los padres. El deseo sexual y la satisfacción sexual ligan a una persona con quienes están fuera de su familia. El acto sexual propiamente dicho es un hecho en que ni el padre ni la madre pueden prestar ayuda, en el que la persona joven está totalmente librada a sus medios.

Aun en las sociedades en las que la satisfacción del deseo sexual se posterga hasta cinco o diez años luego de la pubertad, el deseo sexual ya despierto hace nacer un anhelo de independencia y produce conflictos con las autoridades familiares y sociales. La persona normal adquiere este grado de independencia muchos años después de la pubertad. Pero resulta innegable que esta clase de independencia, aun cuando una persona pueda ganarse la vida, casarse y criar sus propios hijos, no significa que se halle en un estado de verdadera libertad e independencia. Como adulto sigue siendo bastante desvalido y en muchos sentidos procura encontrar fuerzas que lo protejan y le den certidumbre. El precio que paga por esta ayuda es que se hace dependiente de esas fuerzas, pierde su libertad y retarda el proceso de su crecimiento. De esas fuerzas toma prestado su pensamiento, y hace otro tanto con sus sentimientos, sus metas, sus valores, a pesar de vivir bajo la ilusión de que es él quien piensa, siente y elige.

La plena libertad e independencia existen sólo cuando el individuo piensa, siente y decide por sí mismo. Lo podrá hacer de modo auténtico únicamente cuando haya alcanzado una relación productiva con el mundo que lo rodea que le permita responder de manera auténtica. Este concepto de libertad e independencia se puede hallar en el pensamiento de los místicos radicales, como asimismo en las ideas de Marx. El más radical de los místicos cristianos, el maestro Eckhart, dice: «¿Qué es mi vida? Aquello que es movido por sí mismo desde adentro. Lo que es movido desde afuera no vive».[5] O de otro modo: «... si un hombre decide o recibe algo desde afuera, está mal. Uno no debería aprehender a Dios ni considerarlo exterior a uno mismo, sino como algo propio y que está dentro de nosotros».[6]

Con un tono similar, aunque no teológico, Marx dice: «Un ser no se considera a sí mismo independiente si no es su propio amo, y es su propio amo sólo cuando debe su existencia a sí mismo. Un hombre que vive del favor de otro se considera un ser dependiente. Pero vivo completamente del favor de otra persona cuando además de deberle la continuación de mi vida le debo *su creación*; cuando tal persona es su *fuente*. Mi vida tiene necesariamente una tal causa por fuera de sí misma, si no es

5. Sermón XVII, *Meister Eckhart, An Introduction to the Study of his Works, with an Anthology of his Sermons*, escogidos por James A. Clark, Nueva York, Thomas Nelson & Sons, 1957, pág. 235.

6. Ibíd., pág. 189. Una actitud muy similar sobre el problema de la independencia respecto de Dios puede hallarse en el budismo Zen, Buda o cualquier otra autoridad.

mi propia creación».[7] O como dice Marx en alguna otra
parte: «El hombre es independiente sólo si afirma su
individualidad como un hombre total en cada una de sus
relaciones con el mundo, viendo, oyendo, oliendo, pro-
bando, tocando, pensando, queriendo, amando. En resumen, si afirma y expresa todos los órganos de su
individualidad». La independencia y la libertad son la
realización de la individualidad, no sólo la emancipación
de la coerción o la libertad en cuestiones comerciales.

El problema de cada individuo es precisamente el del
nivel de libertad que ha alcanzado. El hombre plenamente despierto y productivo es un hombre libre, pues
puede vivir auténticamente: su propio ser es la fuente de
su vida. (No deberá ser necesario agregar que esto no
equivale a decir que el hombre independiente sea un
hombre aislado, ya que el crecimiento de la personalidad se da en el proceso de relacionarse y estar inte-
resado por los otros y el mundo. Pero se trata de una
relación totalmente diferente de la dependencia.) Así
como para Marx el problema de la independencia como
realización del propio ser lleva a su crítica de la sociedad burguesa, Freud encaró el mismo problema dentro del marco de su teoría, en términos del complejo de
Edipo.

Freud, en la creencia de que el camino hacia la salud
mental reside en la superación de la fijación incestuosa
en la madre, declaró que la salud mental y la madurez se
basan en la emancipación y la independencia. Para él,
ese proceso se iniciaba con el temor de ser castrado por

---

7. Karl Marx, *Economic and Philosophical Manuscripts*, traducidos
por T. B. Bottomore, en el libro de E. Fromm, *Marx's Concept of Man*,
Nueva York, Frederick Ungar Publishing Co., Inc., 1961, pág. 138.

el padre y terminaba con la incorporación de las órdenes y prohibiciones paternas en el propio yo (superyó). De allí que la independencia (es decir, respecto de la madre de uno) se alcance sólo parcialmente; en tanto que la dependencia respecto del propio padre y las autoridades sociales se mantiene a través del superyó.

El carácter revolucionario es el que está identificado con la humanidad y por lo tanto trasciende los estrechos límites de su propia sociedad, y en virtud de ello, es capaz de criticar su sociedad o cualquier otra desde el punto de vista de la razón y la humanidad. No se halla aprisionado en la adoración parroquial de aquella cultura a la que pertenece por nacimiento, que sólo es un accidente de tiempo y geografía. Es capaz de observar su medio con los ojos abiertos de un hombre que está despierto y que encuentra su criterio para juzgar lo accidental en aquello que no es accidental (la razón), en las normas que existen dentro de la raza humana para que ésta se rija.

El carácter revolucionario está identificado con la humanidad. Tiene también una profunda «reverencia ante la vida», para usar la frase de Albert Schweitzer, una profunda afinidad con la vida y un gran amor por ella. Es verdad en la medida en que nos asemejamos a los otros animales, que nos aferramos a la vida y luchamos contra la muerte. Pero *aferrarse* a la vida es algo muy distinto de *amar* la vida. Esto se puede verificar aun más si consideramos el hecho de que existe un tipo de personalidad que siente atracción por la muerte, la destrucción y la declinación. (Hitler constituye un buen ejemplo histórico.) Este tipo de carácter puede ser llamado necrófilo, para usar la expresión de Unamuno en su famosa respuesta de 1936 a un general franquista, cuyo lema favorito era: «Viva la muerte».

La atracción por la muerte y la destrucción puede no ser consciente en una persona, pero se la puede inferir de sus acciones. Así, estrangular, aplastar y destruir la vida le depara la misma satisfacción que la persona amante de la vida encuentra en hacer que ella crezca, se expanda y desarrolle. La necrofilia es la perversión *verdadera*, la de tender a la destrucción mientras uno está vivo.

El carácter revolucionario piensa y siente en lo que podría llamarse un «espíritu crítico», en una tonalidad crítica, para usar un símbolo de la música. La frase latina *De omnibus est dubitandum* (es necesario dudar de todo) es una parte muy importante de su respuesta al mundo. Este espíritu crítico al que me refiero no se asemeja en nada al cinismo, y es en cambio una percepción cabal de la realidad, en contraste con las ficciones que ocupan el lugar de la realidad.[8]

El carácter no revolucionario mostrará una particular tendencia a creer en aquello que anuncia la mayoría. La persona con espíritu crítico reaccionará del modo precisamente opuesto. Será especialmente crítica al escuchar el juicio de la mayoría, que es el juicio de la plaza del mercado, de los dueños del poder. Sin duda que si más personas fueran verdaderos cristianos, como proclaman serlo, no tendrían dificultad alguna para presentar una actitud semejante, porque de hecho esta actitud crítica ante las normas aceptadas era la misma actitud adoptada por Jesús. El espíritu crítico era también el espíritu de Sócrates, de los profetas y de muchos hombres a quienes reverenciamos de una manera u otra.

---

8. Una discusión más detallada de este punto podrá ser hallada en el libro de E. Fromm, *Beyond the Chains of Illusion*, Nueva York, Simon and Schuster, Inc., 1962.

Solamente cuando ha pasado bastante tiempo desde que han muerto —o sea, que han desaparecido segura y definitivamente— se los puede ensalzar sin peligro.

Cuando se siente con «espíritu crítico», una persona es sensible a la reacción estereotipada o al llamado «sentido común», ese sentido común que repite una y otra vez el mismo disparate, y que tiene sentido sólo porque todo el mundo lo repite. Puede que el espíritu crítico a que me refiero no sea algo fácil de definir, pero si se experimenta con uno mismo y con otros se descubrirá sin dificultad la persona que tiene tal espíritu crítico y la que carece de él.

¿Cuántos millares de personas, por ejemplo, creen que la carrera de las armas atómicas es beneficiosa para la paz? Es algo en pugna con todas nuestras experiencias del pasado. ¿Cuánta gente cree que si suenan las sirenas de alarma —si bien se han construido refugios en los grandes centros metropolitanos de Estados Unidos— tendrán tiempo de ponerse a salvo? Saben que no dispondrán más que de quince minutos. No es pecar de alarmista anticipar los bárbaros tumultos que provocará la gente en su desesperado intento de llegar a la puerta del refugio en ese cuarto de hora. Sin embargo, hay aparentemente millones de personas capaces de creer que nuestros famosos refugios subterráneos las podrán salvar de las bombas de 50 o 100 megatones. ¿Por qué? Porque no se sienten con espíritu crítico. Un niño de cinco años (las criaturas de esa edad tienen por lo general una actitud mucho más crítica que los adultos), si se le dijera lo mismo, probablemente lo cuestionaría. La mayoría de los adultos son suficientemente «educados» como para no contar con espíritu crítico, y por lo tanto aceptan como idea sensata lo que es un craso desatino.

Además de tener espíritu crítico, el carácter revolucionario mantiene una relación particular con la fuerza,
con el poder. No es un soñador que ignore que el poder nos
puede matar, obligar, y hasta pervertirnos. Pero tiene una
relación particular con el poder en otro sentido. Para él, el
poder nunca llega a ser santificado, nunca asume el papel
de la verdad, o de la moral y el bien. Este es, probablemente, uno de los problemas más agudos de la actualidad,
tal vez el más importante: me refiero a la relación entre
personas y poder. No se trata de saber qué cosa es el poder.
La cuestión tampoco radica en una falta de realismo,
como por ejemplo desestimar el papel y las funciones del
poder. El asunto es si el poder es santificado o no, y si una
persona es impresionada *moralmente* por el poder. Quien
sea impresionado moralmente por el poder nunca tendrá
espíritu crítico y no será jamás un carácter revolucionario.

El carácter revolucionario es capaz de decir «no». O
para expresarlo de otro modo, el carácter revolucionario
es una persona capaz de desobedecer. Es alguien para
quien la desobediencia puede ser una virtud. Para explicar este punto podría comenzar con una afirmación
que suene como arrolladora: la historia humana comenzó con un acto de desobediencia y puede concluir
con un acto de obediencia. ¿Qué deseo significar con
ello? Al decir que la historia humana comenzó con un
acto de desobediencia me refiero a las mitologías hebrea
y griega. En la historia de Adán y Eva hay una orden de
Dios de no comer del árbol, y el hombre —o más bien la
mujer, para ser exactos— es capaz de decir «no». Ella es
capaz de desobedecer y aun de persuadir al hombre a
que comparta su desobediencia. ¿Cuál es el resultado?
En el mito, el hombre es expulsado del Paraíso, lo que
equivale a decir que es expulsado de la situación preindividualista, preconsciente, prehistórica y, si se desea,

prehumana, una situación que puede ser comparada con aquella del feto dentro del vientre materno. Y es expulsado del Paraíso y puesto, forzadamente, en el camino que lo lleva a la historia.

En el lenguaje del mito, no tiene *permiso* para volver. En realidad, es *incapaz* de volver. Pues una vez que ha sido despertado el conocimiento de sí mismo, una vez que tiene conciencia de sí mismo y se sabe un ser separado de otros, de la naturaleza, el hombre ya no puede volver a la armonía primordial que existía antes de haber comenzado a tener conciencia de sí. Con este primer acto de desobediencia comienza la historia del hombre, y este primer acto de desobediencia es el primer acto de libertad.

Los griegos usan un símbolo diferente, el símbolo de Prometeo. Es Prometeo quien roba el fuego de los dioses y comete un crimen. Cometiendo ese acto de desobediencia, con ese acto de darle el fuego al hombre, se inicia la historia humana, la civilización humana.

Los hebreos y los griegos enseñaron ambos que el empeño del hombre y la historia humana comenzaron con un acto de desobediencia.

¿Y por qué digo que la historia humana puede concluir con un acto de obediencia? Desgraciadamente, no hablo aquí en términos mitológicos, sino en forma muy realista. Si en el lapso de dos o tres años una guerra atómica destruyera la mitad de la población humana y llevara a un período de completa barbarie, o si esto ocurriera dentro de diez años y destruyera probablemente toda vida en la tierra, ello se debería a un acto de obediencia. Es decir, la obediencia de los hombres que aprietan el botón en respuesta a los hombres que imparten las órdenes, y la obediencia a ideas que hacen posible pensar en términos de tal locura.

La desobediencia es un concepto dialéctico, pues todo acto de desobediencia es en realidad un acto de obediencia, y todo acto de obediencia un acto de desobediencia. ¿Qué deseo significar con ello? Todo acto de desobediencia, salvo que sea vana rebelión, es obediencia a otro principio. Desobedezco al ídolo, pues soy obediente a Dios. Desobedezco a César, pues soy obediente a Dios, o, si se habla en lenguaje no teológico, pues obedezco a principios y valores, a mi conciencia. Puedo desobedecer al Estado porque soy obediente a las leyes de humanidad. Y si soy obediente, por cierto que siempre estaré desobedeciendo a otra cosa. No se trata en verdad de un asunto de desobediencia u obediencia, sino a qué o a quién se desobedece u obedece.

Se deduce de mis palabras que el carácter revolucionario, en el sentido en que empleo la expresión, no es necesariamente un tipo de carácter qué sólo tiene cabida en el campo político. El carácter revolucionario existe por cierto en política, pero también en religión, arte, filosofía. Buda, los profetas, Jesús, Giordano Bruno, Eckhart, Galileo, Marx y Engels, Einstein, Schweitzer, Russell, son todos caracteres revolucionarios. El carácter revolucionario se puede encontrar por cierto en un hombre que no figura en ninguno de estos campos; en un hombre cuyo «sí» es «sí» y cuyo «no» es «no». Es capaz de ver la realidad, tal como el niñito en el cuento de Andersen «El nuevo traje del emperador». Vio que el emperador estaba desnudo, y lo que dijo respondía exactamente a lo que había visto.

El siglo XIX fue tal vez un período en el que era más fácil reconocer la desobediencia, ya que dicho siglo fue una época de autoridad manifiesta en la vida familiar y el Estado; de allí que hubiera cabida para el carácter revolucionario. Nuestro siglo es un período muy diferente. Es una época del sistema industrial moderno que

crea al hombre organización, un sistema de vastas burocracias que insiste en el funcionamiento suave y parejo
de aquellos a quienes controla, pero mediante la manipulación antes que por la fuerza. Los dirigentes de estas
burocracia proclaman que tal sometimiento a sus órdenes es voluntario y procuran persuadirnos a todos
nosotros, en especial por la cantidad de satisfacción material que ofrecen, que nos agrada hacer lo que se supone tenemos que hacer. El hombre miembro de una
organización no es alguien que desobedece: ni siquiera
sabe que está obedeciendo. ¿Cómo puede pensar en desobedecer cuando ni tiene conciencia de ser obediente?
No es más que uno de los «muchos», uno de la multitud.
Es «sensato». Piensa y hace lo que es «razonable», aunque eso lo mate a él, a sus hijos y a sus nietos. De aquí
que ser desobediente o desarrollar el carácter revolucionario sea mucho más difícil para un hombre de la
época industrial y burocrática contemporánea que para
el hombre del siglo pasado.

Vivimos en un tiempo en que la lógica de planilla de
balance, la lógica de la producción de cosas, se ha extendido a la vida de los seres humanos. Los seres humanos se han convertido en números, así como las cosas
se han convertido en números. Cosas y hombres han pasado a ser cantidades en el proceso de producción.

Repetimos que resulta muy difícil ser dosobediente si
ni siquiera se tiene conciencia de ser obediente. Para
expresarlo de otro modo: ¿Quién es capaz de desobedecer a una computadora electrónica? ¿Cómo le podemos decir «no» al tipo de filosofía cuyo ideal es actuar
como una computadora electrónica, sin voluntad, sin
sentimiento, sin pasión?

La obediencia no se reconoce en la actualidad como
tal, pues se la racionaliza como «sentido común», como

cuestión de aceptar necesidades objetivas. Si tanto en Oriente como en Occidente es necesario construir un armamento fantásticamente destructivo, ¿quién podría desobedecer? ¿Quién se sentiría dispuesto a decir «no», si todo fuera presentado no como un acto de voluntad humana sino como un acto de necesidad objetiva?

Nuestra situación actual tiene otro aspecto que viene al caso. En este sistema industrial, en que según creo se asemejan cada vez más Occidente y el bloque soviético, el individuo siente mortal terror ante el poder de las grandes burocracias, ante la magnitud de todo: el Estado, la burocracia industrial y la burocracia sindical. Además de aterrorizado también se siente tremendamente pequeño. ¿Quién es el David que pueda decir «no» a Goliat? ¿Quién es el hombrecillo que pueda decir «no» a aquello cuya fuerza y tamaño han sido mil veces aumentados en comparación con lo que solía ser autoridad apenas cincuenta o cien años atrás? El individuo está intimidado, y gustoso acepta la autoridad. Acata las órdenes que le imparten, en nombre del sentido común y la razón, para no sentir que se ha sometido.

A manera de resumen, cuando digo «carácter revolucionario» no me refiero a un concepto conducta sino a un concepto dinámico. Uno no es un «revolucionario» en este sentido caracterológico porque profiera frases revolucionarias o porque participe en una revolución. En este sentido es revolucionario el hombre que se haya emancipado de los lazos de sangre y suelo, de su madre y su padre, de fidelidades especiales al Estado, clase, raza, partido o religión. El carácter revolucionario es un humanista en el sentido en que se siente en sí mismo a toda la humanidad, y en que nada humano le es ajeno. Ama y respeta la vida. Es un escéptico y un hombre de fe.

Es escéptico, pues sospecha que las ideologías encubren realidades indeseables. Es un hombre de fe, pues cree en aquello que existe potencialmente, aunque todavía no haya nacido. Puede decir «no» y ser desobediente precisamente porque puede decir «sí» y obedecer a aquellos principios que le son genuinamente propios. No está semidormido sino plenamente despierto ante las realidades personales y sociales que lo rodean. Es independiente; lo que es lo debe a su propio esfuerzo; es libre y no es sirviente de nadie.

Este resumen puede sugerir que lo que acabo de describir es bienestar y salud mental antes que el concepto de un carácter revolucionario. No hay duda de que la descripción hecha corresponde a la de una persona sana, viva, cuerda. Mi afirmación es que la persona sana en un mundo insano, el ser humano plenamente desarrollado en un mundo tullido, la persona completamente despierta en un mundo semidormido, es precisamente el carácter revolucionario. Una vez que todos estén despiertos ya no habrá necesidad de profetas o caracteres revolucionarios: sólo habrá seres humanos plenamente desarrollados.

Por cierto que la mayoría de las gentes no han sido nunca caracteres revolucionarios. Pero la razón por la cual ya no vivimos en cavernas es precisamente porque en la historia humana ha habido siempre suficientes caracteres revolucionarios como para sacarnos de las cavernas y sus equivalentes. Hay empero muchos otros que pretenden ser revolucionarios cuando en realidad son rebeldes, autoritarios u oportunistas políticos. Soy de opinión que los psicólogos pueden desempeñar una importante función al estudiar las diferencias caracterológicas que se esconden en estos diversos tipos de ideólogos políticos. Pero, para poder hacerlo adecua-

damente, me temo que los psicólogos deban poseer algunas de las cualidades que este ensayo ha intentado
describir: ellos mismos deben ser caracteres revolucionarios.

V. La medicina y el problema ético del hombre moderno

¿A qué nos referimos al hablar de ética?

La palabra «ética» proviene de una raíz que significa originariamente costumbre, y con el tiempo se denominó ética a la ciencia que se ocupa de los ideales de la relación humana. Esta confusión entre costumbre e ideales persiste todavía en la mente de muchas personas.

La mayoría de la gente de nuestro tiempo se imagina conscientemente a la ética en términos de un ideal, de normas éticas, cuando en realidad quieren decir que aquello que es la costumbre es también lo bueno; a la vez que conscientemente entendemos la norma ética como «deber», inconscientemente pensamos en verdad que lo justo y correcto es lo aceptado. Y, como sabemos, lo aceptado es también la solución más cómoda, salvo desde el punto de vista de la propia conciencia moral.

Algunas veces la ética se refiere sólo a la conducta; adquiere entonces el significado de un código, el cual dicta un cierto comportamiento deseable. Por otra parte, la ética también puede dividirse. Es posible hablar de ética médica, ética comercial o ética militar. En todos estos casos uno se refiere en realidad a un código de conducta relacionado con una cierta situación, o que es válido para tal situación. Naturalmente, esto es perfectamente correcto; personalmente prefiero a la gente que tiene un código antes que a aquella que no lo tiene, y los códigos buenos son mejores que los malos. Pero si al hablar de ética deseamos referirnos al significado que tiene el término en la gran tradición filosófica o religiosa, entonces la ética no es un código de conducta válido en ciertos campos. En esta tradición, la ética se refiere a una orientación particular que se halla arraigada en el hombre y que, por lo tanto, no es válida para tal o cual persona o esta o aquella situación, sino para todos los seres humanos. Más aún, si los budistas están en lo cierto, es válido no sólo para todos los seres humanos sino para todo lo que está vivo. La conciencia es el órgano de esta actitud ética; si hablamos de la ética en el sentido de la gran tradición filosófica y religiosa de Oriente y Occidente, entonces la ética no es un código; es cuestión de conciencia moral.

Si aceptamos este punto de vista, entonces no hay tal ética médica. Existe únicamente una *ética humana universal aplicada a situaciones humanas específicas.* Por otra parte, si separamos la ética médica del problema universal de la ética, aparece entonces el riesgo de que la ética médica degenere en un código que esencialmente sirve la función de cuidar los intereses del gremio médico para protegerlos del paciente.

Resultará oportuno en este momento decir algo más acerca de la conciencia moral. Es importante recordar una distinción que existe entre conciencia autoritaria y

conciencia humanista.[1] Al referirme a conciencia autoritaria significo, más o menos, lo que Freud entendía por
superyó, un término que en la actualidad es mucho más
popular que el término «conciencia». La conciencia autoritaria, o superyó, es originariamente el poder internalizado del padre, más tarde es el poder internalizado
de la sociedad. En lugar de temer el castigo paterno he
internalizado las órdenes de mi padre para no verme en
la situación de esperar la terrible experiencia; oigo la voz
de mi padre dentro de mí y no me arriesgo a ningún
hecho desagradable. Estoy avisado de antemano, pues
mi padre está en mí. Este concepto de la autoridad
internalizada del padre y la sociedad es válido para lo
que muchos llaman su conciencia moral. La explicación
de Freud para el mecanismo psicológico es, según mi
opinión, sumamente ingeniosa y muy verdadera. Sin
embargo, surge el interrogante: ¿es eso todo, o habrá
otra conciencia moral que sea totalmente diferente?

Ahora bien, al segundo tipo de conciencia, que no es
la autoridad internalizada, lo denominé conciencia
humanista, refiriéndome a la tradición humanista filosófica o religiosa. Esta conciencia es una voz interior que
nos hace volver a nosotros. Por este «nosotros» se en-
tiende el núcleo humano común a todos los hombres, es
decir, ciertas características básicas del hombre que no
pueden ser violadas o negadas sin serias consecuencias.

Muchos hombres de ciencia actuales suponen que esto
es un disparate, que no existe una cosa llamada «la naturaleza del hombre». Piensan que todo depende del lugar

1. Estos dos tipos de conciencia moral los he analizado más detalladamente en *Man for Himself*, Nueva York, Holt, Rinehart and Winston, Inc., 1947, págs. 143-172.

donde uno vive. Al cazador de cabezas le agrada matar gente y reducirle la cabeza; quien vive en Hollywood siente enorme gusto en ganar dinero y aparecer en los periódicos. Esos hombres de ciencia no creen que en la naturaleza humana haya algo que nos diga que una cosa debemos hacerla y otra no. Los psicoanalistas y psiquiatras deben estar en condición de ofrecer una información diferente; pueden declarar que hay en verdad ciertos elementos básicos que son parte de la naturaleza humana y que reaccionan exactamente de la misma manera que lo hace nuestro cuerpo si se violan sus leyes. Cuando en nuestro cuerpo ocurre un proceso patológico, por lo general sentimos dolor; y si ocurre un proceso patológico en nuestra alma —es decir, si en nuestra alma se produce algo que viola lo que está profundamente arraigado en la naturaleza humana— entonces pasa algo más: tenemos una conciencia culpable. Ahora bien, si la gente no puede dormir, toma píldoras. Si siente dolor, puede tomar otras píldoras. La conciencia culpable se tranquiliza de las múltiples maneras que para tal fin ofrece nuestra cultura. La conciencia culpable, aunque puede ser inconsciente, tiene sin embargo muchos modos de expresarse y dispone de un lenguaje que en algunos casos puede ser tan penoso como el dolor condicionado físicamente.

Los médicos y los estudiantes de medicina, dado que se ocupan tanto del dolor físico y los síntomas físicos, deberían prestar especial atención a lo que se ha aprendido en relación con el dolor mental y los síntomas mentales. Por ejemplo, alguien que en su vivir niega completamente lo que Schweitzer ha llamado «reverencia por la vida», que es completamente cruel, completamente inhumano, completamente falto de bondad, completamente falto de amor, es una persona que se verá al borde de la insania. Al seguir siempre igual teme perder la razón, y hay casos en que ocurre así. Otras veces desarrolla una neurosis que lo salva de la insania: aun algunos de los peores hombres de esta tierra necesitan conservar la ilusión —y tal vez no sea enteramente la ilusión— de que hay en ellos algo humano y bueno, pues si ya no lo pudieran conservar dejarían de sentirse humanos, lo que por cierto les provocaría la sensación de estar casi locos.

No es difícil encontrar algunos ejemplos extraordinarios para ilustrar lo antedicho. El doctor Gustave Gilbert, un psicólogo que entrevistó a Goering y a otros líderes nazis prisioneros durante un año, y hasta el último día de sus vidas, ha referido sus experiencias. Cuenta el modo en que un hombre como Goering le rogaba que lo visitara todos los días y le decía: «Mire, yo no soy tan malo como parece. No soy tan malo como Hitler; él mató mujeres y niños. Yo no. Por favor, créame». Sabía que debía morir. El hombre a quien le hablaba era un joven psicólogo norteamericano, cuya opinión sobre él carecía en absoluto de importancia. No se estaba dirigiendo a un auditorio, y sin embargo, una vez desvanecido su poder, no podía soportar la idea de enfrentarse a sí mismo como un ser totalmente inhumano. Un representante del periodismo norteamericano, que durante un tiempo vivió en Moscú, relata un hecho similar. Alude a un hombre llamado Jagoda, que había sido jefe de la policía secreta antes de que lo mataran los mismos que estaban destinados a la muerte. Jagoda era ciertamente responsable de la muerte y la tortura de centenares de miles de personas. Según refiere el periodista, no lejos de Moscú tenía un orfanato que era en su género uno de los lugares más hermosos del mundo: los huérfanos eran tratados con libertad, con amor, con toda consideración. Cierto día Jagoda le dijo a ese periodista: «Hágame usted un gran favor y escriba un artículo sobre el orfanato que tengo aquí, y procure además que sea publicado en cierta revista de Nueva York». El periodista lo miró sorprendido, y el jefe de la policía secreta le explicó: «Vea, yo tengo un tío en Brooklyn, hermano de mi madre, que lee esa revista. Mi madre piensa que soy el demonio. Si mi tío lee el artículo que usted escribió, le escribirá a mi madre y yo me sentiré mejor». Así lo hizo el periodista, y como resultado Jagoda perdonó muchas vidas y le quedó agradecido hasta el fin de sus días.

El problema no era la madre de Jagoda; era su conciencia. No podía soportar la completa inhumanidad de su vida.

Un psiquiatra vienés que visitó la Alemania Oriental refiere que sus colegas de allí hablan de un trastorno neurótico al que llaman «enfermedad de los funcionarios». Aluden a la enfermedad que toma la forma de un trastorno neurótico en los funcionarios comunistas que han estado en el «servicio» durante largo tiempo. En cierto momento hay algo que no pueden soportar. En todos los países y todas las culturas podríamos recoger una gran cantidad de material que ilustra el mismo principio, a saber, que uno no puede vivir inhumanamente toda la vida sin sufrir graves reacciones.

He citado ejemplos de la Rusia estalinista y la Alemania nazi; pero ello no implica la ausencia de problemas similares en otros países. En los Estados Unidos, por ejemplo, y a través de todo el mundo occidental, nuestro problema no es la crueldad, no es la destrucción: es el *aburrimiento*. La vida carece de significado. La gente vive, pero siente que no está viva; la vida se escurre como arena. Y una persona que está viva y que, consciente o inconscientemente, sabe que no lo está, siente repercusiones que a menudo, si ha conservado un resto de sensibilidad y vitalidad, terminan en una neurosis. Y es gente como ésa la que actualmente acude a los analistas. En un nivel consciente se quejan de estar insatisfechos con el matrimonio, con el trabajo o con cualquier otra cosa; pero al preguntárseles qué hay detrás de sus quejas, la respuesta es por lo general que la vida no tiene sentido. Son personas que tienen la sensación de vivir en un mundo que debería excitarlas, interesarlas, ponerlas activas, y sin embargo parecen estar muertas y ser inhumanas.

Para referirme verdaderamente al problema ético de nuestro tiempo —el problema del hombre moderno— debo comenzar diciendo que, si bien las normas éticas de la conducta humana son las mismas para todos los hombres, cada época y cada cultura tienen empero sus problemas particulares y por lo tanto sus designios éticos particulares. No intentaré discutir el problema de los designios éticos de varios períodos; en cambio me ocuparé de los problemas éticos de los siglos XIX y XX.

Creo que los problemas éticos principales, los pecados mayores del siglo XIX, pueden ser enumerados de la siguiente manera: primero, la *explotación:* un hombre era alimento de otro. No tiene importancia que esta explotación se refiera al obrero, al campesino o al negro del Congo o del sur de los Estados Unidos. Un hombre usaba a otro como alimento, no en un sentido estrictamente canibalístico, pues podía comer cosas mejores, sino que se nutría con la energía vital de otro hombre. El segundo problema moral del siglo pasado era el *autoritarismo:* los hombres que estaban en el poder creían que en virtud de su posición tenían el derecho de ordenar a otros hombres y restringir sus actos. Era la autoridad del padre sobre sus hijos, tan maravillosamente descrita en el libro de Butler *The Way of All*

Flesh; la autoridad de los hombres sobre las mujeres; la autoridad de los patrones sobre los obreros, y la autoridad de los Estados sobre otros territorios, especialmente sobre aquellos cuyos habitantes eran de otro color. El tercer problema era el de la *desigualdad.* Se consideraba correcto que la gente de este planeta (y aun dentro de una misma nación) viviera bajo circunstancias materiales de total desigualdad: que los sexos no fueran iguales; que las razas no fueran iguales, a pesar del culto hipócrita a la cristiandad, que es en su esencia una religión universal basada sobre el concepto de que todos somos criaturas de Dios.

Otro vicio del siglo XIX, especialmente en la clase media, era la *mezquindad:* la avaricia, el afán de atesorar sentimientos y cosas. Estrechamente vinculado con esta actitud acumulativa había un individualismo egoísta: «Mi casa es mi castillo»; «Mi propiedad soy yo».

Nos inclinamos a imaginar estos vicios como peculiares del siglo pasado, seguros de haber progresado mucho respecto de nuestros abuelos. Ya no practicamos estos vicios y nos sentimos muy bien. Tal vez sea ésa la manera en que cada generación considera sus propios problemas éticos. Así como los franceses usaron las ideas de la Primera Guerra Mundial como recurso estratégico en la Segunda Guerra Mundial, así toda generación libra la batalla con la cuestión moral en términos de la generación precedente. Ve con toda facilidad cuán fácilmente ha superado ciertos vicios, pero sin advertir que la negación de lo que existía anteriormente no es en sí misma un logro; y en una sociedad y cultura cambiantes no reconoce la emergencia de vicios nuevos, pues es feliz al sentir que los viejos han desaparecido.

Volvamos a aquellos vicios del siglo pasado y veamos qué ha sido de ellos. Es indudable que ya no nos oprime ninguna autoridad. Los hijos pueden «expresarse» y hacen lo que les place. Se supone que los obreros pueden hablar claro y manifestar sus sentimientos a los psicólogos, y en la actualidad ningún patrono se atrevería a actuar del modo en que lo hacía un patrono de hace cincuenta años. Pero carecemos de principios; no tenemos el sentido de los valores ni tampoco ninguna norma de valores.

Me agradaría introducir aquí un concepto de la distinción que hay entre autoridad irracional y racional. Con la primera significo una autoridad basada sobre la fuerza, ya sea física o emocional, cuya función es la de explotar a otras personas materialmente, emocionalmente o de cualquier otra manera. La autoridad racional se basa sobre la competencia, y su función es la de ayudar a otra persona a cumplir una cierta tarea. Me temo que en la actualidad hay mucha confusión entre estas autoridades. Si un niñito dice que dos más dos son cinco, su madre puede tener la sensación de estar inhibiendo la libertad de expresión del hijo si insiste en que dos más dos son cuatro. Si es una mujer muy sofisticada, hasta puede racionalizar que, de todos modos, los sistemas matemáticos no son absolutos, de modo que «en realidad el chico tiene razón».

Al recordar el ensayo de Thoreau *Life Without Principles*, escrito hace cien años, a uno se le hace difícil creer que se trata de un problema del presente siglo. Aparentemente ya era un problema en el siglo XIX. Pero si era cierto en tiempos de Thoreau, ¡cuánto más cierto es hoy! Lo que Thoreau vio con toda sagacidad es que la gente tenía opiniones pero no convicciones, que tenían hechos pero no principios. Este desarrollo ha continuado, hasta alcanzar actualmente proporciones pavorosas y asumir también, creo, un papel pavoroso en la

educación. La educación progresista fue una reacción al
autoritarismo del siglo XIX y por lo tanto significó, en ese
sentido, un logro constructivo. Pero junto con algunos
otros rasgos de nuestra cultura se ha deteriorado hasta ser
un *laissez-faire* en el que no se reconoce ningún principio,
no se establece ningún valor y no existe ninguna jerarquía. No aludo a una jerarquía de poderes sino a una de
conocimiento y respeto por aquellos que están mejor informados. Nos encontramos hoy con el supuesto dogmá-
tico de que la espontaneidad, la originalidad y el individualismo están por fuerza en conflicto con la autoridad
racional y un sentido de normas aceptadas; un correctivo
provechoso podría ser el familiarizarse con el arte zen de
la arquería, que tiende a combinar actitudes aparentemente contradictorias.[2]

En cuanto al segundo vicio, la tacañería o el afán de
atesorar, ciertamente ya no nos aflige. Si existiera podría
provocar una catástrofe nacional. Nuestra economía se
basa sobre el gastar. Y a menudo tales cambios morales
son naturalmente el resultado de ciertos cambios
económicos. Nuestra industria publicitaria nos induce
constantemente a gastar, no a guardar o atesorar. ¿Qué
es lo que hacemos entonces? Nos dedicamos a un consumo incesante por el gusto de consumir. Es algo que
todos conocemos; no necesita discusión. Viene bien al
caso un dibujo cómico aparecido en un periódico neo-
yorquino: dos hombres observan un nuevo modelo de
automóvil. Uno de ellos comenta: «A ti no te agrada la

2. Véase el fascinante libro de E. Herrigel, *Zen in the Art of Ar-
chery*, Nueva York, Pantheon Books, 1953. El autor, un filósofo ale-
mán, describe sus experiencias en el arte zen durante siete años en To-
kio. [Trad. cast.: *El zen y el arte de los arqueros japoneses*, Buenos
Aires, La Mandrágora, 1966.]

carrocería con cola de pez, y puede ser que a mí tampoco, pero ¿te imaginas lo que ocurriría con la economía de nuestro país si a *nadie* le agradaran las colas de pez?». Nuestro peligro no es el de no gastar, pero no por eso es menos grave; somos los consumidores eternos, no hacemos más que recibir, recibir y recibir. Durante ochos horas por día, cualquiera que sea nuestra posición, trabajamos, estamos activos. En nuestros momentos libres estamos, sin embargo, completamente ociosos, con la pasividad de los consumidores. La actitud de consumidor ha rebasado el campo económico para invadir cada vez más la esfera de la vida cotidiana. Consumimos cigarrillos y copetines y libros y televisión; es como si buscáramos la enorme mamadera capaz de proporcionarnos el nutrimiento total. Eventualmente consumimos píldoras tranquilizadoras.

La desigualdad es el tercer vicio que creemos haber superado. No hay duda de que la desigualdad que existía y era permitida en el siglo XIX está desapareciendo. No obstante lo mucho que resta hacer, un observador objetivo se sentirá impresionado por los progresos que se han hecho para alcanzar la igualdad de razas en los Estados Unidos, especialmente en los años que siguieron a la Segunda Guerra Mundial. Los Estados Unidos muestran también un progreso considerable en lo referente a la igualdad económica. ¿Pero adónde nos ha llevado esto? Hemos deformado la noción de igualdad convirtiéndola en la noción de uniformidad. ¿Qué significaba el concepto de «igualdad» en la gran tradición humanista? Que éramos iguales en el sentido de que *todo hombre es un fin en sí mismo y no debe ser un medio para el fin de nadie.* La igualdad es la condición por la que nadie debe ser tratado como un medio sino como un fin en sí mismo, independientemente de la edad,

color, sexo. Tal era la definición humanista de la igualdad, que sin duda dio pie al desarrollo de las diferencias. Sólo si se nos permite ser diferentes, sin la amenaza de ser tratados como desiguales, sólo entonces
somos iguales.

Pero, ¿qué hemos hecho? Hemos convertido el concepto de igualdad en otro de uniformidad. En realidad
no nos atrevemos a ser diferentes, pues tememos que el
hecho de ser diferentes nos cueste el derecho de estar
aquí. No hace mucho le pregunté a un joven de poco
más de treinta años por qué sentía tanto miedo de de-
dicar su vida a algo que valiera la pena, por qué no
vivía intensamente y con placer. Luego de pensar un
momento respondió: «Sabe usted, siento verdaderamente temor, porque eso significaría ser tan distinto».
Creo que, desgraciadamente, es algo válido para mucha
gente.

El concepto de igualdad, con todo el prestigio y toda
la dignidad de un gran concepto filosófico y humanista, es hoy deformado y se lo emplea para aludir a
uno de los aspectos más degradantes, más inhumanos
y más peligrosos de nuestra cultura: la uniformidad,
que significa la pérdida de la individualidad. Es algo
que se puede notar tal vez en la relación que existe entre los sexos; en los Estados Unidos por ejemplo, se
verá que los sexos se han «igualado» hasta el punto de
tener casi el mismo signo, perdiéndose la chispa creadora que nace sólo de polaridades opuestas. Y si no se
deja existir la polaridad no puede haber creación, pues
en el encuentro de los dos polos es donde se puede dar
la chispa de la creación.

En esta transformación de los vicios del siglo XIX en
estos del siglo XX —que llamamos virtudes— debemos
reparar también en la considerable eliminación de la

explotación y el individualismo egocéntrico. En ningún otro país del mundo ha desaparecido la explotación hasta el punto en que ha ocurrido en los Estados Unidos. Los economistas aseguran que dentro de un tiempo relativamente corto los resultados serán aún más extraordinarios que ahora. El individualismo egocéntrico difícilmente existe: nadie quiere estar solo, todos desean estar con alguien, y la gente se aterra al pensar en quedarse sola, aunque sólo sea un momento. Estos vicios han desaparecido, pero ¿qué los ha reemplazado? El hombre se vive a sí mismo y a los demás como cosas, como meros artículos de consumo. Siente la energía vital como un capital que debe ser invertido para que dé ganancia; y si obtiene utilidades se siente triunfante. Creamos máquinas que obran como hombres y producimos hombres que obran como máquinas. El peligro del siglo XIX era que nos convirtiéramos en esclavos; el peligro del siglo XX no es que nos convirtamos en esclavos sino en robots.

Toda nuestra producción material era originariamente un medio para un fin. Un medio para alcanzar el fin de una mayor felicidad, tal como todavía lo proclamamos. Pero la producción material se ha convertido verdaderamente en un fin en sí misma, y en realidad no sabemos qué hacer con ella. Valga un único ejemplo: el deseo de ahorrar tiempo. Cuando disponemos de tiempo ahorrado nos sentimos preocupados, pues no sabemos qué hacer con él, de modo que nos buscamos entretenimientos y distracciones para pasar el rato; luego comenzamos otra vez a ahorrarlo. En nuestra cultura el hombre se siente a sí mismo no como un sujeto activo, no como el centro de su propio mundo, no como el creador de sus propios actos, sino más bien como una *cosa* impotente. Sus actos y las consecuencias que acarrean se han convertido en sus amos. Piénsese en el símbolo, sino en la horrorosa realidad, de la bomba atómica. El hombre adora y reverencia los productos de sus propias manos, los líderes que él mismo ha erigido, como si fueran superiores a él antes que haber sido creados por él. Nos creemos cristianos o judíos o cualquier otra cosa que seamos, pero en verdad hemos caído en un estado de idolatría que nadie ha descrito tan bien como los profetas. No ofrecemos sacrificios a Baal o Astarté, pero adoramos cosas: la producción, el éxito; parecemos ignorar cándidamente nuestra idolatría, y nos creemos sinceros cuando hablamos de Dios. Hay quienes intentan, incluso, combinar religión y materialismo con el fin de que la religión se convierta en un método de «hágalo usted mismo» para lograr mayores éxitos sin la ayuda de un psiquiatra. Las cosas se han convertido por cierto en objetos de «importancia fundamental». ¿Y cuál es el resultado? Que el hombre se siente vacío, desdichado, aburrido.

Cuando se menciona el aburrimiento todos creen, naturalmente, que no es agradable sentirse aburrido, pero no lo consideran un asunto importante. Estoy convencido de que el aburrimiento es una de las torturas más grandes. Para imaginarme el infierno pensaría en un lugar donde uno está continuamente aburrido. La gente hace en realidad esfuerzos frenéticos para evitar el aburrimiento, huyendo hacia esto, aquello o lo de más allá, pues el aburrimiento le resulta insoportable. Si uno tiene «su» neurosis y «su» analista el aburrimiento se hace más llevadero. Aun cuando uno sienta angustia y tenga síntomas compulsivos; ¡al menos es algo interesante! Creo que uno de los motivos de sentir y tener tales cosas es escapar al aburrimiento.

Soy de la opinión que al decir «el hombre no es una cosa» expresamos el punto central del problema ético del hombre moderno. El hombre no es una cosa, y se le hace daño si se intenta transformarlo en cosa. O como dijo Simone Weil: «El poder es la capacidad de transformar a un hombre en una cosa, pues uno transforma un ser vivo en un cadáver». Un cadáver es una cosa. No así el hombre. El poder último —el poder de destruir— es precisamente el poder último de transformar la vida en una cosa. Un hombre no puede ser desarmado y luego armado nuevamente; una cosa sí. Una cosa es predecible; el hombre no. Una cosa no puede crear. El hombre puede. Una cosa no tiene sí mismo. El hombre lo tiene. El hombre tiene la capacidad de decir la palabra más peculiar y difícil de nuestro lenguaje, la palabra «yo». Es sabido que los niños tardan bastante en aprender el vocablo «yo»; pero después todos decimos, sin vacilar, «yo pienso», «yo siento», «yo hago». Y si examinamos lo que expresamos verdaderamente —la realidad de la afirmación— veremos que no es exacto. Mucho más correcto sería decir: «Hay algo dentro de mí que piensa, o que siente». Si en lugar de preguntarle a una persona *cómo* está, uno le pregunta *quién* es, será grande su sorpresa. ¿Cuál sería la respuesta inmediata? Primero su nombre, pero el nombre no tiene nada que ver con la persona. Luego agregaría: «Soy médico. Soy un hombre casado. Soy padre de dos hijos». Se trata de características que también pueden ser atribuidas a un automóvil: es un coche de cuatro puertas, pintado de color rojo, y así sucesivamente. El automóvil no puede decir «yo». Lo que una persona ofrece como descripción de sí misma es en realidad una lista de las cualidades de un objeto. Pregúntesele a alguien, o a uno mismo, ¿quién es usted, quién es ese «yo»? ¿Qué significado tiene decir «yo siento»? ¿Sentimos verdaderamente, o hay dentro de nosotros *algo* que siente? ¿Nos sentimos realmente el

centro de nuestro mundo, no un mundo egocéntrico sino
en el sentido de ser «originario», con lo que significo que
nuestros pensamientos y sentimientos se originan en
nosotros? Si nos sentamos durante quince o veinte minutos en la tranquilidad de la mañana, intentando no
pensar en nada, sino sólo vaciar la mente, veremos qué
difícil es estar a solas con nosotros mismos y tener la
sensación de «éste soy yo».

Deseo mencionar aquí un punto más relacionado con
la diferencia que existe entre conocer cosas y conocer al
hombre. Puedo estudiar un cadáver o estudiar un órgano
y es una cosa. Puedo usar mi intelecto y, por supuesto,
también mis ojos, como asimismo mis máquinas y apa-
ratos, para proceder al estudio de esta cosa. Pero si deseo
conocer a un hombre, no puedo estudiarlo de este modo.
Puedo intentarlo, naturalmente, y luego escribiré algo
sobre la frecuencia de tal o cual conducta y sobre la pro-
porción de tal o cual característica. Gran parte de la
ciencia de la psicología se relaciona con ello, pero de este
modo trato al hombre como una cosa. Sin embargo, el
problema al que se dedican psiquiatras y psicoanalistas, y
aquel que tendría que preocuparnos a todos —comprender a nuestro prójimo y a nosotros mismos— es el de
comprender a un ser humano que no es una cosa. Y el
proceso de esta comprensión no puede ser efectuado
apelando al mismo método con el que se alcanza el conocimiento en las ciencias naturales. El conocimiento del
hombre es posible *sólo en el proceso de relacionarnos con
él.* Sólo si me relaciono con el hombre a quien deseo
conocer, sólo en el proceso de relacionarnos con otro ser
humano, podremos saber verdaderamente algo el uno del
otro. El conocimiento esencial acerca de otro ser humano
no puede ser expresado con pensamientos o palabras, así
como no podemos explicarle a alguien qué gusto tiene el

vino del Rin. La explicación podría durar cien años y jamás llegaríamos a explicar qué gusto tiene ese vino. Sólo bebiéndolo se lo podrá conocer. Y tampoco podremos agotar nunca la descripción de una personalidad, de un ser humano en su plena individualidad; pero sí la podemos conocer en un acto de empatía; en un acto de experiencia total; en un acto de amor. Creo que éstas son las limitaciones de la psicología científica, en la medida en que tiende a la plena comprensión de los fenómenos humanos en términos de ideas o palabras. Es vital para el psiquiatra y para el psicoanalista saber que sólo con esta actitud de relación podrá comprender a alguien, y creo que es algo importante para el médico general también.

Por lo tanto, es necesario que al paciente se lo vea como un ser humano y no sólo como «esa enfermedad». Un médico se ejercita en la actitud científica, en la que observa, así como se observa en las ciencias naturales. Pero si desea comprender a su paciente, y no tratarlo como una cosa, debe sin embargo aprender otra actitud que es propia de la ciencia del hombre: la de relacionarse con los demás como un ser humano con otro, con cabal concentración y profunda sinceridad. De lo contrario, todos los *eslogans* acerca de ver al paciente como a una persona no serán más que palabras vacías.

¿Cuáles son, entonces, las demandas éticas de nuestros tiempos? En primer lugar, superar esa «cosidad», o, para emplear una expresión técnica, esa «reificación» del hombre; superar el concepto de cosa referido a nosotros mismos y a los demás; superar nuestra indiferencia, nuestra alineación de otros, de la naturaleza, de nosotros mismos. Segundo, alcanzar otra vez un nuevo sentido de «yoidad», de ser propio, de una experiencia del «yo soy», antes que sucumbir al sentimiento de autómata en el que tenemos la ilusión de que «*yo* pienso lo que pienso», cuando en realidad *yo* no pienso para nada y soy como alguien que pone un disco fonográfico y cree que es *él* quien ejecuta la música del disco.

Otra meta podría ser formulada como la de llegar a ser creador. ¿Qué es creatividad? Podría significar la aptitud para crear pinturas, novelas, cuadros, obras de arte, ideas. Es por supuesto cuestión de aprendizaje y de medio circundante, y, se me ocurre, también de genes; pero hay otra capacidad creadora que es una actitud, una condición que respalda a toda creatividad según el primer sentido. En tanto que la primera clase de creación es la aptitud de transmitir la experiencia creadora en el plano material, en la creación de algo que puede ser expresado en una tela o de cualquier otra manera, la creación en el segundo sentido se refiere a una actitud que puede ser definida sencillamente como la de percatarse y responder. Suena como algo muy simple, y sospecho que muchos dirán: «Naturalmente, estoy dispuesto a responder». Percatarse significa percatarse *verdaderamente*, percatarse de lo que una persona es realmente, percatarse que una rosa es una rosa, como dijo Gertrude Stein; percatarse de un árbol y no percatarse del árbol como algo que encaja en el concepto *verbal* de árbol, que es la forma como la mayor parte de nosotros nos percatamos de las cosas.

Daré un ejemplo. Cierta vez una mujer a la que yo analizaba llegó a la sesión sumamente entusiasmada. Me dijo que había estado pelando arvejas en la cocina, y agregó: «Créame, por primera vez en mi vida experimenté que las arvejas ruedan». Bueno, todos sabemos que las arvejas ruedan si se encuentran sobre una superficie adecuada. Todos sabemos que una pelota o cualquier objeto redondo rueda; pero, ¿qué sabemos realmente? Sabemos en nuestras *mentes* que un objeto redondo puesto sobre una superficie apropiada rueda.

Vemos el fenómeno y afirmamos que los hechos se corresponden con lo que sabemos; pero eso es sumamente diferente de la experiencia creadora de *ver* realmente el movimiento. Es lo que hacen los niños. De allí que puedan jugar con una pelota sin cansarse jamás, porque todavía no están aburridos, porque todavía no *piensan* en ello, sino que lo *ven*, y es una experiencia tan maravillosa que la pueden ver una y mil veces.

Esta aptitud para percatarse de la realidad de una persona, de un árbol, de cualquier cosa y responder a tal realidad, es la esencia de la creatividad. Creo que uno de los problemas éticos de nuestro tiempo es el de educar a hombres y mujeres y a nosotros mismos para percatarnos y responder. Otro aspecto de esto es la capacidad de ver: ver al hombre en el acto de relacionarse, en lugar de verlo como un objeto. Para expresarlo de otro modo, debemos echar las bases de una nueva ciencia del hombre en la que el hombre sea comprendido no sólo con el método de la ciencia natural, que es apropiado también en muchos campos de la antropología y la psicología, sino también en el acto de amor, en el acto de empatía, en el acto de verlo de hombre a hombre. Más importante que todas estas finalidades es la necesidad de poner de nuevo las riendas en manos del hombre, de volver a convertir los medios en medios y los fines en fines, y de reconocer que nuestros logros en el mundo del intelecto y la producción material sólo tendrán sentido si son medios para alcanzar un fin: el nacimiento pleno del hombre en cuanto se torne plenamente él mismo, plenamente humano.

Por supuesto, se puede decir fácilmente que los médicos son parte de esta cultura y sociedad y padecen los mismos defectos y los mismos problemas que cualquier otra persona. Sin embargo, debido a la naturaleza de su trabajo, deben relacionarse con sus pacientes; además del método de la ciencia natural deben aprender también aquel de la ciencia del hombre. Es un hecho extraño que los médicos sean diferentes; la profesión médica es un anacronismo en lo referente a su método de trabajo. Aludo a la diferencia que existe entre la producción artesanal y la producción industrial. En la producción artesanal, tal como se daba en la Edad Media, un hombre hacía él solo todo su trabajo. Puede que haya tenido un asistente, un aprendiz o alguien que lo ayudara, que barría el suelo o cepillaba la madera; pero la parte esencial la hacía él. En la producción industrial moderna ocurre lo contrario. Tenemos el principio de un alto grado de división del trabajo. Nadie hace el producto completo; los dirigentes organizan el todo, pero no lo hacen, y los que hacen el trabajo específico nunca ven el todo. Tal el método de la producción industrial.

El método de trabajo del médico sigue siendo el del artesano. Puede contar con unos pocos asistentes, disponer de este o de aquel aparato, pero excepto unos pocos que intentan introducir los métodos industriales en la práctica de la medicina, la mayoría de los médicos actúan aún como artesanos. Son los que ven al paciente y asumen la responsabilidad. Existe además otra diferencia. Salvo ellos, en la actualidad todo el mundo declara que trabaja porque quiere ganar dinero. Entiendo que los médicos proclaman todavía que el lucro no es la razón principal de su trabajo; que cumplen su tarea en interés del paciente, y que ganar dinero es sólo incidental. El artesano medieval tenía la misma actitud. Naturalmente, podía ganar dinero, pero trabajaba por amor a su trabajo, y muchas veces habría preferido una paga menor antes que un trabajo más aburrido. La profesión médica se muestra otra vez anacrónica, tal vez en este sentido menos realista que en el caso de su modo de trabajo.

Ahora bien, esto puede tener dos consecuencias. Se puede prestar a la hipocresía de proclamar ideas que son tradicionales sin sentir una verdadera fidelidad hacia ellas.

Pero existe también la probabilidad de que los médicos, justamente porque su modo de trabajo no está aún tan despersonalizado, ya que siguen trabajando en el sentido artesanal, tengan mayores posibilidades que los hombres de cualquier otra profesión. Estas posibilidades existen en la medida en que reconocen su oportunidad de ayudar a guiarnos hacia una nueva senda de humanismo, hacia una nueva actitud de comprender a los hombres, lo que entraña la comprensión, tanto por parte del médico como del paciente, de que el hombre no es una cosa.

VI. Sobre las limitaciones y peligros de la psicología

Muchos de nuestros contemporáneos saludan la creciente popularidad de la psicología como signo promisorio de nuestro acercamiento al logro del postulado délfico «Conócete a ti mismo». Indudablemente existen razones para esta interpretación. La idea del autoconocimiento tiene sus raíces en las tradiciones griega y judeocristiana. Es parte de la actitud del Iluminismo. James y Freud estaban profundamente arraigados en esta tradición y han contribuido por cierto a transmitir ese aspecto positivo de la psicología hasta nuestro tiempo. Empero, este hecho no debe llevarnos a ignorar otros aspectos del interés contemporáneo por la psicología, que son peligrosos y destructivos para el desarrollo espiritual del hombre. Estos diversos aspectos los trataremos en el presente capítulo.

El conocimiento psicológico (*Menschenkenntnis*) ha asumido en la sociedad capitalista una función particular, una función y un significado completamente diferentes de los implicados en el «Conócete a ti mismo».

La sociedad capitalista se centra alrededor del mercado —el mercado de bienes de consumo y el mercado de del trabajo— donde bienes y servicios se intercambian libremente, sin tener en cuenta las normas tradicionales y sin fuerza ni fraude. El conocimiento del cliente, en cambio, se ha convertido en algo de importancia primordial para el vendedor. Si esto era cierto ya cincuenta o cien años atrás, la importancia de conocer al cliente se ha centuplicado en las últimas décadas. Al hacerse mayor la concentración de empresas y capital, cada vez adquiere más importancia conocer de antemano los deseos del cliente, y no sólo conocerlos sino también influir sobre ellos y manejarlos. Las inversiones de capital en la escala de las modernas empresas gigantes no se hacen por «pálpito» sino después de una cuidadosa investigación y manipulación del cliente. Además de este conocimiento del cliente («psicología del mercado») ha surgido un nuevo campo de la psicología, basado sobre el deseo de comprender y manejar al obrero y al empleado. Ese nuevo sector es conocido con el nombre de «relaciones humanas». Es un resultado lógico del cambio ocurrido en la relación entre capital y trabajo. En lugar de una cruda explotación hay cooperación entre los gigantescos colosos de empresas y la burocracia sindical, que han llegado cada uno a la conclusión de que, a la larga, hacer arreglos resulta más provechoso que entablar luchas encarnizadas. Como agregado, sin embargo, se ha descubierto también que un obrero satisfecho y «feliz» trabaja de modo más productivo y contribuye más al buen funcionamiento de las empresas. Aprovechando el interés popular por la psicología y las relaciones humanas, el obrero y el empleado son estudiados y manipulados por los psicólogos. Lo que Taylor hizo con la racionalización del trabajo físico, los psicólogos lo hacen con el aspecto mental y emocional del obrero. El trabajador se convierte en una *cosa*, y se lo trata y maneja como una cosa, y las así llamadas «relaciones humanas» son en realidad las más inhumanas, pues son relaciones «reificadas» y alienadas.

A partir de la manipulación del cliente, el obrero y el empleado, el interés de la psicología se ha extendido a la manipulación de todo el mundo, tal como se expresa más claramente en política. La idea de la democracia estaba originalmente centrada alrededor del concepto de ciudadanos de pensamiento claro y responsables, pero en la práctica ha sido cada vez más influida por los métodos de manipulación desarrollados originalmente para las investigaciones del mercado y las «relaciones humanas».

Si bien todo esto es perfectamente conocido, deseo discutir ahora un problema mucho más arduo y sutil, que se relaciona con el interés por la psicología individual, y en especial con la gran popularidad del psicoanálisis. El asunto es: *la psicología*, en cuanto conocimiento de los otros y de uno mismo, *¿hasta qué punto es posible? ¿Qué limitaciones pesan sobre ese conocimiento, y qué peligros pueden surgir si no se respetan estas limitaciones?*

No hay duda de que el deseo de conocer a nuestros semejantes y a nosotros mismos corresponde a una profunda necesidad del ser humano. El hombre vive dentro de un contexto social. Necesita estar relacionado con sus semejantes, pues de lo contrario enloquecería. El hombre está dotado de razón e imaginación. Su semejante y él mismo constituyen un problema cuya solución no puede dejar de buscar, un secreto cuyo descubrimiento debe intentar.

El propósito de comprender al hombre por medio del pensamiento se llama «psicología», o sea, el «conocimiento del alma». La psicología, dentro de este significado, procura comprender las fuerzas que sustentan la conducta del hombre, la evolución del carácter del hombre y las circunstancias que determinan esta evolución. En resumen, la psicología intenta ofrecer un informe racional del núcleo más íntimo de un alma individual. Pero el conocimiento racional y completo sólo es posible cuando se trata de *cosas*: las cosas se pueden disecar sin destruirlas, manipular sin dañar su naturaleza misma y pueden ser reproducidas. *El hombre no es una cosa*; no se lo puede disecar sin destruirlo, no se lo puede manipular sin dañarlo, y no se lo puede reproducir artificialmente. Conocemos a nuestro semejante y a nosotros mismos, y sin embargo, no lo conocemos ni nos conocemos, pues no somos una cosa y tampoco lo es nuestro semejante. Cuanto más ahondemos en la profundidad de nuestro propio ser o en la de algún otro, tanto más se alejará de nosotros la meta del conocimiento total. Sin embargo, no podemos evitar el deseo de penetrar en el secreto del alma del hombre, en el núcleo que es «él».

¿Qué es, entonces, conocernos a nosotros mismos o a otra persona? En pocas palabras, conocernos a nosotros mismos significa superar las ilusiones que tenemos acerca de nosotros; conocer a nuestro prójimo significa superar «las deformaciones paratáxicas» (transferencia) que tenemos acerca de él. Todos, en uno u otro grado, sufrimos ilusiones acerca de nosotros. Estamos enredados en fantasías de ser omniscientes y omnipotentes, que hemos vivido como muy verdaderas cuando éramos niños; racionalizamos nuestras motivaciones malas como nacidas de la benevolencia, el deber o la necesidad; racionalizamos nuestra debilidad y temor como estando al servicio de buenas causas; nuestra falta de contacto como resultado de la ausencia de respuesta de los otros. A nuestro semejante lo deformamos y racionalizamos de igual modo, salvo que por lo general le damos un signo negativo. Nuestro desamor lo hace aparecer como hostil, cuando no es más que tímido; nuestra sumisión lo transforma en un ogro dominante, cuando sólo desea hacer valer sus derechos; nuestro miedo a la espontaneidad lo hace pueril, cuando en realidad muestra la espontaneidad de un niño.

Conocer más acerca de nosotros mismos significa despojarnos de los muchos velos que nos ocultan y que nos impiden ver claramente a nuestro prójimo. Los velos se levantan uno tras otro y una tras otra se disipan las distorsiones.

La psicología puede mostrarnos lo que el hombre *no es*. No puede decirnos qué *es* el hombre, qué *es* cada uno de nosotros. El alma del hombre, el núcleo singular de cada individuo, jamás se podrá entender y describir adecuadamente. Puede ser «conocido» sólo en la medida en que no se le conciba erróneamente. La meta legítima de la psicología es por lo tanto lo *negativo*, la eliminación de distorsiones e ilusiones, *no lo positivo*, el conocimiento cabal y completo de un ser humano.

Hay empero otra senda para conocer el secreto del hombre; esta senda no es la del pensamiento sino la del *amor*. Amor es penetración activa de la otra persona, en la que el deseo de conocer se apacigua por la unión. (Esto es amor en el significado bíblico de *daath*, en contraposición a *ahaba*.) En el acto de fusión conozco al otro, me conozco a mí mismo, conozco a todos, y no «sé» nada. Conozco en la única forma que el conocimiento de lo que está vivo es posible para el hombre: por la experiencia de la *unión*, y no por ningún conocimiento que nos pueda dar nuestro *pensamiento*. La única manera de alcanzar el conocimiento pleno reside en el *acto* de amor; este acto trasciende el pensamiento, trasciende las palabras. Es osado sumergirse en la esencia de otro, o de mí mismo.

El conocimiento psicológico puede ser una *condición* para lograr el conocimiento total en el acto de amor. Debo conocer a la otra persona y a mí mismo objetivamente para poder ver su realidad, o, más bien, para poder superar las ilusiones, la imagen irracionalmente deformada que tengo de él. Si conozco a un ser humano tal como es, o si en verdad sé lo que no es, entonces podré conocerlo tal vez en su esencia última, mediante el acto de amor.

El amor no es un logro fácil de alcanzar. El hombre que no puede amar, ¿cómo hace para penetrar el secreto de su prójimo? Para llegar a conocer el secreto hay otro modo, un modo desesperado: es el del poder completo sobre otra persona; el poder que le hace hacer lo que yo quiero, sentir lo que yo quiero, pensar lo que yo quiero; que la transforma en una cosa, mi cosa, mi posesión. El grado último de este intento de conocer se halla en el extremo del sadismo, en el deseo de hacer sufrir a un ser humano, de torturarlo, de obligarlo a traicionar su «secreto» por el sufrimiento, o eventualmente de destruirlo. El afán de penetrar el secreto del hombre representa una motivación esencial de la intensidad y hondura de la crueldad y la destrucción. En forma muy sucinta, esta idea ha sido expresada por el escritor ruso Isaac Babel. Cuenta que un oficial camarada en la guerra civil rusa, que acaba de ultimar a puntapiés a un ex amo, dice las siguientes palabras: «Con el fusilamiento —lo diré de este modo— lo único que se consigue es deshacerse de un individuo... Con el fusilamiento nunca se llega al alma, no se puede saber dónde está ni cómo se muestra. Pero a mí me sobra coraje y más de una vez he estado una hora larga dándole de puntapiés a un enemigo. Como verás, quiero llegar a saber qué es la vida realmente, cómo es la vida que tenemos por delante».[1]

Sin embargo, no obstante estar el sadismo y la destrucción motivados por el deseo de quebrar el secreto, esta senda no puede llevar nunca a la meta deseada. Al hacer sufrir a mi prójimo, la distancia que nos separa crece hasta un punto donde ya no es posible conocimiento alguno. Sadismo y destrucción son intentos perversos, desesperados y trágicos de conocer al hombre.[2]

El problema de conocer al hombre corre paralelo con el problema teológico de conocer a Dios. La teología negativa postula que es imposible hacer ninguna afirmación positiva acerca de Dios. El único conocimiento que se tiene de Dios es lo que Él no es. Tal como dijera Maimónides, cuanto más se sabe acerca de lo que Dios no es, tanto más se sabrá acerca de Dios. O según el maestro Eckhart: «Mientras tanto el hombre no puede saber qué es Dios, aun cuando alguna vez se percate perfectamente de lo que Dios no es». Una consecuencia

1. «The Life and Adventures of Matthew Pavlichenko», *Isaac Babel, The Collected Stories*, traducción y edición de Walter Morison, Nueva York, Criterion Books, Inc., 1955, pág. 106.

2. En los niños es dable ver a menudo esta senda para llegar al conocimiento, de modo muy manifiesto y como parte del deseo normal de la criatura de orientarse en un mundo de realidad física. Ciertas veces el niño toma algo y lo deshace y rompe para saber cómo es, o desmembra un animal, por ejemplo, desprende las alas de una mariposa para conocerla, para forzar su secreto. La aparente crueldad está en sí misma motivada por algo más profundo: el deseo de conocer el secreto de las cosas y la vida.

de tal teología negativa es el misticismo. Si en el pensamiento no se puede tener un conocimiento pleno de Dios, si en el mejor de los casos la teología es negativa, el conocimiento positivo de Dios sólo podrá lograrse en el acto de unión con Él.

Trasladando este principio al campo del alma humana es posible hablar de una «psicología negativa», y agregar además que el conocimiento cabal del hombre por medio del pensamiento es imposible, y que un «conocimiento» completo sólo puede ocurrir en el acto de amor. Así como el misticismo es una consecuencia lógica de la teología negativa, el amor es una consecuencia lógica de la psicología negativa.

Señalar las limitaciones de la psicología equivale a destacar el peligro que resulta de ignorar tales limitaciones. El hombre moderno es solitario, tiene miedo y es poco capaz de amar. Desea estar cerca de su prójimo, y sin embargo, está demasiado desconectado y distante como para estar cerca. Los lazos marginales que tiene con su prójimo son múltiples y se mantienen fácilmente, pero difícilmente existe una «relación central», establecida de núcleo a núcleo. Al buscar el acercamiento siente que le falta conocimiento, y al ir en procura del conocimiento encuentra la psicología. La psicología se convierte en un sustituto del amor, de la intimidad, de la unión con otros y con uno mismo; se convierte en el refugio del hombre solitario y alienado, en lugar de ser un paso que lleve al acto de unión.

Esta función sustitutiva de la psicología se manifiesta en el auge del psicoanálisis. El psicoanálisis puede resultar sumamente provechoso para corregir las distorsiones paratáxicas que tenemos dentro de nosotros y respecto de nuestros semejantes. Puede disipar una ilusión tras otra y despejar así el camino hacia el acto decisivo que sólo nosotros podemos efectuar: el «coraje de ser», el salto, el acto de compromiso último. El hombre, luego de su nacimiento físico, debe pasar un continuo proceso de nacimiento. La emergencia del vientre materno es la primera etapa del nacimiento, apartarse de su pecho es la segunda, de su brazo, la tercera. De allí en adelante, el proceso de nacimiento puede detenerse; la persona puede llegar a ser un individuo socialmente adaptado y útil, pero ser alguien que nació muerto en sentido espiritual. Para poder desarrollarse y llegar a lo que es potencialmente como ser humano es menester que continúe naciendo; es decir, debe seguir disolviendo los lazos primarios que lo unen al suelo y la sangre. De un acto de separación debe pasar al otro. Debe renunciar a la certidumbre y las defensas, y dar el salto hacia el acto de compromiso, interés y amor. Lo que ocurre frecuentemente en el tratamiento psicoanalítico es que entre terapeuta y paciente hay un acuerdo tácito, basado sobre el supuesto de que el psicoanálisis es un método con cuya ayuda se puede alcanzar la felicidad y la madurez y, al mismo tiempo, evitar el salto, el acto, el dolor de la separación. Extendiendo un poco más la analogía del salto, la situación psicoanalítica se asemeja a veces a la de un hombre que desea aprender a nadar, aun cuando siente terror con sólo pensar en el momento en que deba tirarse al agua y depender de su capacidad para flotar. Parado en el borde de la piscina escucha al instructor que le explica los movimientos que debe hacer; eso es bueno e indispensable; pero si vemos que sigue con lo mismo, hablando, escuchando, hablando, entramos a sospechar que el hablar y comprender se han convertido en un sustituto del acto tan temido. Por más extensa o profunda que sea, no habrá comprensión psicológica que pueda tomar el lugar del acto, del commiso, del salto. Puede conducir a él, prepararlo, hacerlo posible, y ésta es la función legítima de la labor psicoanalítica. Pero no debe intentar ser un sustituto del acto responsable del compromiso, un acto sin el cual no puede ocurrir ningún cambio verdadero en un ser humano.

Si se comprende el psicoanálisis en este sentido, hay otra condición que debe ser satisfecha. La alineación de sí mismo y de sus semejantes, tan propia del hombre moderno, también debe ser superada por el analista. Tal como anoté anteriormente, el hombre moderno se vive como una *cosa*, como una personificación de energías que deben ser invertidas provechosamente en el mercado. Vive a su semejante como una cosa que puede ser usada para un intercambio provechoso. La psicología, la psiquiatría y el psicoanálisis de nuestros tiempos están implicados en este proceso universal de alienación. El paciente es considerado como una cosa, como la suma de muchas partes. Algunas de estas partes son defectuosas y requieren ser reparadas, tal como ocurre con las partes de un automóvil. Hay un defecto aquí y otro allí, llamados síntomas, y el psiquiatra considera que su tarea es la de reparar o corregir estos varios defectos. No mira al paciente como una totalidad singular y global, que puede ser comprendida en su totalidad sólo en al acto de relación y empatía plenas. Para que el psicoanálisis pueda cumplir cabalmente sus verdaderas posibilidades, es necesario que el analista supere su propia alineación, que sea capaz de establecer con el paciente una relación de núcleo a núcleo, y que con esta relación le abra al paciente el paso hacia la experiencia espontánea y hacia la «comprensión» de sí mismo. No debe ver al paciente como un objeto, o siquiera limitarse a ser un «observador participante»; debe hacerse uno con él y al mismo tiempo conservar su separación y objetividad, a fin de poder formular lo que siente en ese acto de unión. La comprensión final no se puede expresar completamente con palabras; no es una «interpretación» que describe al paciente como un objeto que tiene defectos y al que explica la génesis de éstos. Es en cambio una captación intuitiva. Primero tiene lugar en el analista y luego, si el análisis ha de tener éxito, en el paciente. Se trata de una captación súbita: es un acto intuitivo que puede ser preparado por muchas vislumbres mentales pero que no puede ser reemplazado por ellas. Si se desarrolla en esta dirección, el psicoanálisis tiene aún posibilidades inagotadas para promover transformaciones humanas y cambios espirituales. Si sigue enredado en la alienación, ese defecto que la sociedad misma nutre podrá remediar este o aquel inconveniente, pero se convertirá en otro instrumento para automatizar más al hombre y ajustarlo mejor a una sociedad alienada.

VII. El concepto profético de paz

Aun cuando la paz no significara más que la ausencia de guerra, de odio, de matanza, de locura, haberla alcanzado figuraría entre los logros más elevados que el hombre se pueda haber propuesto. Pero si uno desea comprender de modo específico el *concepto profético de paz*, entonces deberá avanzar varios pasos y reconocer que tal concepto no puede ser definido sencillamente como la ausencia de guerra, y que en cambio es un concepto filosófico y espiritual. Está basado sobre la idea profética del hombre, de la historia y de la salvación; sus raíces se hallan en la historia de la creación del hombre y su desobediencia a Dios, tal como se refiere en el libro del Génesis, y culmina con el concepto del tiempo mesiánico.

Antes de la caída de Adán, es decir, antes de que tuviera razón y conciencia de sí mismo, el hombre vivía en completa armonía con la naturaleza: «Y estaban desnudos, el hombre y su mujer, y no se avergonzaban». Estaban separados, pero no se percataban de ello. El primer acto de desobediencia, que es también el comienzo de la libertad humana, «abre sus ojos», el hombre sabe cómo juzgar el bien y el mal, ha tomado conciencia de sí mismo y de su semejante. La historia humana ha comenzado. Pero Dios maldice al hombre por su desobediencia.[1] ¿Cuál es la maldición? Se proclama la enemistad y lucha entre hombres y animal («y pondré enemistad entre ti [la serpiente] y la mujer, y entre tu simiente y su simiente; ésta te quebrará la cabeza y tu le quebrarás la cola»), entre el hombre y la tierra («maldita sea la tierra por tu causa: con trabajo comerás de ella todos los días de tu vida; y te producirá espinos y abrojos, y comerás de las plantas del campo; con el sudor de tu rostro comerás el pan hasta que vuelvas a la tierra»), entre el hombre y la mujer («y a tu marido estará sujeta tu voluntad, y él será tu señor»), entre la mujer y su propia función natural («con dolor parirás tus hijos»). La armonía original y preindividualista había sido reemplazada por el conflicto y la lucha.

El hombre debe vivirse a sí mismo como un extraño en el mundo, como ajeno a sí mismo y a la naturaleza, para poder volver a ser uno consigo mismo, con sus semejantes y con la naturaleza. Debe tener conciencia de la escisión que hay entre él como sujeto y el mundo como objeto, como condición para vencer esta misma escisión. Su primer pecado, la desobediencia, es el primer acto de libertad: es el comienzo de la historia humana. Es en la historia donde el hombre se desarrolla, evoluciona, emerge. Desarrolla su razón y su capacidad de amar. Él se crea a sí mismo en el proceso histórico que comenzó con su primer acto de libertad, que fue la libertad para desobedecer, para decir «no».

1. La palabra «pecado» no aparece en el texto bíblico.

¿Cuál es, de acuerdo con el Antiguo Testamento, el papel de Dios en este proceso histórico? Como punto primero y más importante, Dios no interfiere en la historia del hombre por un acto de gracia, no cambia la naturaleza del hombre, no cambia su corazón. (Aquí reside la diferencia básica que existe entre el concepto profético de salvación y el cristiano.) El hombre está corrompido porque está enajenado y no ha superado su enajenación. Pero su «corrupción» reside en la naturaleza misma de la existencia humana, y es el hombre mismo, y no Dios, quien puede superar la enajenación logrando una nueva armonía.

De acuerdo con el pensamiento del Antiguo Testamento, el papel de Dios en la historia se limita al envío de mensajeros, los profetas, quienes 1) le muestran al hombre una nueva meta espiritual; 2) le muestran al hombre las alternativas entre las que debe elegir, y 3) protestan contra todos los actos y actitudes que hacen que el hombre se pierda a sí mismo y pierda también el camino de la salvación. Sin embargo el hombre tiene libertad para actuar: es propio de él decidir. Tiene ante sí la posibilidad de elegir entre bendición y maldición, vida y muerte. Dios tiene la esperanza de que elija la vida, pero Dios no salva al hombre por un acto de gracia.

Este principio aparece claramente expresado en lo que se dice de la actitud de Dios cuando los hebreos piden a Samuel que les dé un rey:

> Por lo cual se reunieron todos los ancianos de Israel; y llegándose a Samuel en Ramá le dijeron: He aquí que tú eres ya viejo; y tus hijos no andan en tus caminos. Ahora pues, pon sobre nosotros un rey que nos juzgue como es usanza de todas las naciones. Pero disgustóle a Samuel la propuesta, cuando le dijeron: Danos un rey que nos juzgue; y oró

Samuel a Jehová. Y Jehová le respondió a Samuel: Oye la voz del pueblo en todo cuanto te dijeren; porque no te han desechado a ti, sino a mí me han desechado, para que yo no reine sobre ellos. Conforme a todas las obras que han hecho desde el día que los hice subir de Egipto hasta este día, dejándome a mí y sirviendo a otros dioses, así también van haciendo contigo. Ahora pues, oye su voz; esto no obstante, protesta solemnemente contra ellos, y pon delante de ellos lo que será el uso del rey que va a reinar sobre ellos.

Samuel pues refirió al pueblo que le había pedido un rey, todas las palabras de Jehová; y les dijo: Éste será el uso del rey que va a reinar sobre vosotros. A vuestros hijos los tomará y los pondrá en sus carros de guerra y en sus caballerías, y correrán delante de sus carros; y los constituirá jefes de miles y jefes de cincuentenas; los pondrá también a arar sus tierras, y a segar sus campos, y a hacer sus instrumentos de guerra y los pertrechos de sus carros. Además, de entre vuestras hijas tomará para perfumistas y para cocineras y para panaderas. Asimismo vuestros campos y vuestras viñas y vuestros olivares, los mejores de ellos, él los tomará para dárselos a sus siervos. Y diezmará vuestra simiente y el producto de vuestras viñas, para darlo a sus camareros y a sus siervos. Tomará también a vuestros siervos y a vuestras siervas, y a los más escogidos de vuestros mancebos, y a vuestros asnos, y los ocupará en sus labores. Diezmará vuestro ganado; en fin, vosotros seréis siervos suyos. Y clamaréis en aquel día a causa de vuestro rey que os habéis escogido; y Jehová no os responderá en aquel día.

El pueblo empero rehusó escuchar la voz de Samuel, y dijeron: No, sino que ha de haber rey sobre nosotros; para que seamos nosotros también como todas las demás naciones; y para que nos juzgue nuestro rey, y salga al frente de nosotros para pelear nuestras batallas. Y oyó Samuel todas las palabras de pueblo y refirólas en oídos de Jehová.

Y Jehová dijo a Samuel: Escucha su voz y constitúyeles un rey. Y Samuel dijo a los hombres de Israel: Id cada cual a su ciudad. (1º de Samuel. 8: 4-22.)

Todo lo que Samuel puede hacer es «escuchar su voz», protestar, y mostrarles las consecuencias de su acción. Si a pesar de ello el pueblo se decide por un reino, la decisión es de ellos y será su responsabilidad. Este principio se muestra también muy claramente en la historia bíblica de la liberación de Egipto. Ciertamente, Dios le enseña a Moisés a efectuar algunos milagros. Sin embargo, estos milagros no son esencialmente diferentes de los que podían hacer los magos egipcios. Están claramente destinados a aumentar el prestigio de Moisés a los ojos del faraón y de su propio pueblo; son concesiones hechas a Moisés debido a su temor de que la gente no comprendiera su mensaje puro, proveniente de un Dios que no tenía nombre. En el punto esencial, sin embargo, a fin de preparar al pueblo —o al faraón— para la libertad, Dios no interfiere de ningún modo. El faraón sigue como es; por lo tanto, empeora y su corazón se «endurece»; los hebreos no cambian tampoco. Una y otra vez intentan huir de la libertad, para volver a la esclavitud y seguridad egipcias. Dios no cambia su corazón, ni cambia el corazón del faraón. Deja al hombre solo: le deja hacer su historia, le deja labrarse su propia salvación.

El primer acto de libertad del hombre es un acto de desobediencia; con este acto trasciende su unidad original con la naturaleza, toma conciencia de sí mismo y de su prójimo y del enajenamiento de ambos. En el proceso histórico el hombre se crea a sí mismo. Crece teniendo conciencia de sí mismo, crece en amor, en justicia, y una vez que ha alcanzado la meta de la captación plena del mundo con su propia fuerza de razón y amor, se ha hecho uno otra vez, ha deshecho el «pecado» original, ha retor-

nado al Paraíso, pero en el nuevo nivel de independencia
e individualización humanas. Si bien el hombre ha
«pecado» por el acto de desobediencia, su pecado se jus-
tifica en el proceso histórico. No padece una corrupción
de su sustancia, sino que su mismo pecado es el comienzo
de un proceso dialéctico que termina con su autocreación
y autosalvación.

Este completamiento de su autocreación, el fin de la
historia de lucha y conflicto y el comienzo de una nueva
historia de armonía y unión reciben el nombre de «tiempo
mesiánico», «el fin de los días», etcétera. Es el Mesías, no
el salvador. No es enviado por Dios para salvar al pueblo
o cambiar su sustancia corrompida. El Mesías es símbolo
del propio logro del hombre. Cuando el hombre haya alcanzado la unión, cuando esté listo, entonces aparecerá el
Mesías. El Mesías es el Hijo de Dios, en el mismo grado
en que todo hombre es una criatura de Dios: es el rey
ungido que representa la nueva época de la historia.

La visión profética del tiempo mesiánico comprende
la armonía entre hombre y hombre, hombre y mujer,
hombre y naturaleza. La nueva armonía es diferente de
aquella del Paraíso. Se puede alcanzar sólo si el hombre
se desarrolla plenamente hasta llegar a ser verdaderamente humano: si es capaz de amar, si sabe la verdad y
hace justicia, si desarrolla la fuerza de su razón hasta un
punto que lo libere de la esclavitud del hombre y de la
esclavitud de las pasiones irracionales.

En las descripciones proféticas abundan símbolos de
la idea de la nueva armonía. La tierra será otra vez fértil,
las espadas se convertirán en rejas de arado, el león y el
cordero vivirán juntos y en paz, no habrá más guerras,
toda la humanidad vivirá unida en verdad y amor.

La paz, en la visión profética, es uno de los aspectos
de la era mesiánica: cuando el hombre haya superado la

escisión que lo separa de sus semejantes y de la naturaleza, entonces se hallará por cierto en paz con aquellos de quienes estaba separado. Para poder tener paz, el hombre debe hallar la «expiación»: la paz es el resultado de una transformación del hombre en la que la unión ha tomado el lugar de la alienación. De allí que la idea de paz, dentro del concepto profético, no pueda ser separada de la idea de que el hombre tome conciencia de su humanidad. La paz es algo más que una condición de ausencia de guerra: es armonía y unión entre los hombres, es haber superado la separación y la alienación.

El concepto profético de paz trasciende el reino de las relaciones humanas: la nueva armonía se da también entre el hombre y la naturaleza. La paz entre hombre y naturaleza es *armonía* entre hombre y naturaleza. Así hombre y naturaleza dejan de estar escindidos: el hombre no está amenazado por la naturaleza ni determinado a dominarla. El hombre se hace natural, y la naturaleza se hace humana. Dejan de ser oponentes y se convierten en uno solo. El hombre está a su gusto en el mundo natural, y la naturaleza entra a formar parte del mundo humano. Tal es la paz en el sentido profético. (La palabra hebrea para decir paz, *shalom*, que podría ser traducida como «plenitud» o «bienestar», apunta en la misma dirección.)

Los conceptos de era mesiánica y de paz mesiánica difieren, por supuesto, según las diversas fuentes proféticas. No es nuestra finalidad entrar aquí en los detalles de tales diferencias. Será suficiente mostrar, con ayuda de unos pocos ejemplos característicos, diversos aspectos de la idea del tiempo mesiánico, vinculados a la idea de paz.

Isaías describe así la idea del tiempo mesiánico, como el estado del hombre *en paz con la naturaleza* y el fin de toda destrucción:

Y habitará el lobo con el cordero y el leopardo sesteará junto con el cabrito, también el becerro y el leoncillo y el lechón andarán juntos, y un niñito los conducirá.

Asimismo la vaca y la osa pacerán; y sus crías yacerán juntas; y el león comerá paja como el buey. Y el niño de pecho jugará sobre la cueva del áspid, y el recién destetado pondrá su mano sobre la madriguera de la víbora.

No dañarán ni destruirán en todo mi santo monte; porque estará la tierra llena del conocimiento de Jehová, como las aguas cubren el mar. (Isaías, 11:6-9.)

La idea de la nueva armonía del hombre con la naturaleza en la era mesiánica significa no sólo el fin de la lucha del hombre contra la naturaleza sino también que la naturaleza no se apartará del hombre, convirtiéndose en cambio en la madre que es todo amor y alimento. Dentro del hombre la naturaleza dejará de ser lisiada, y fuera de él dejará de ser estéril. Tal como dijo Isaías:

Entonces serán abiertos los ojos de los ciegos, y los oídos de los sordos serán destapados.

Entonces el cojo saltará como ciervo, y cantará la lengua del mudo, porque revientan aguas en el desierto y arroyos en el yermo.

Y el espejismo se convertirá en laguna verdadera y la tierra sedienta en fuentes de agua; en la habitación de chacales, donde éstos se duermen, habrá criaderos de cañas y de juncos.

Y habrá allí una calzada y camino, que será llamado camino de Santidad; no lo transitará el inmundo; sino que Él mismo estará con ellos; el que anduviere en este camino, por torpe que sea, no se extraviará.

Ningún león estará allí, ni bestia feroz subirá por él, ni será allí hallada, más los redimidos andarán allí.

Y los rescatados de Jehová volverán, y vendrán a Sión con canciones; y regocijo eterno estará sobre sus cabezas; alegría y regocijo recibirán, y huirán el dolor y el gemido. (Isaías, 35:5-10.)

O tal como lo expresa el segundo Isaías:

Pues he aquí que voy a hacer una cosa nueva, ahora saldrá a luz, ¿no lo habéis de conocer vosotros? Sí, voy a proveer caminos en el desierto, y ríos en el yermo.

Las fieras del campo me honrarán, y los chacales y los avestruces; por cuanto proveo aguas en el desierto y ríos en el yermo, para dar de beber a mi pueblo escogido. (Isaías, 43:19-20.)

La idea de la nueva unión entre hombre y hombre, donde habrán desaparecido la enajenación y la destructividad, se expresa en las siguientes palabras de Miqueas:

Y juzgará entre muchos pueblos, y reprenderá a fuertes naciones, hasta en tierras lejanas; y ellas forjarán sus espadas en rejas de arado, y sus lanzas en hoces; no levantarán espada nación contra nación, ni aprenderán más las guerras;

Y se sentarán cada cual debajo de su parra, y debajo de su higuera, y no habrá quien los espante: porque la boca de Jehová de los Ejércitos lo ha dicho.

Porque todos los pueblos andan cada cual en el nombre de su dios; y nosotros andaremos en el nombre de Jehová, el Dios nuestro para siempre y eternamente. (Miqueas, 4: 3-5.)

Además, en el concepto mesiánico, el hombre no sólo dejará de destruir al hombre. Habrá superado la experiencia de separación entre una nación y otra. Una vez que haya alcanzado la plena estatura humana, el extraño ya no será un extraño, y el hombre dejará de ser un extraño para sí mismo. La ilusión de la diferencia entre naciones desaparecerá: ya no habrá más pueblos elegidos. Tales las palabras del profeta Amós:

> ¿Acaso no sois vosotros como los hijos de los etíopes, oh hijos de Israel?, dice Jehová. ¿No hice subir yo a Israel de la tierra de Egipto, y a los filisteos de Caftor, y a los sirios de Kir? (Amós, 9:7.)

También Isaías expresa hermosamente la misma idea de que todas las naciones son amadas igualmente por Dios y de que ya no hay hijos favoritos:

> En aquel día habrá un camino real de Egipto a Asiria; y el asirio entrará en Egipto y el egipcio en Asiria; y los egipcios darán culto a Jehová juntamente con los asirios.
> En aquel día será Israel el tercero con Egipto y con Asiria, una bendición en medio de la tierra; a quienes Jehová de los ejércitos bendecirá diciendo: Bendito sea Egipto, pueblo mío, y Asiria, obra de mis manos, e Israel, herencia mía. (Isaías, 19: 23-25.)

Para resumir, la idea profética de paz es parte de todo el concepto histórico y religioso de los profetas, que culmina con la idea que tienen del tiempo mesiánico: la paz entre hombre y hombre y entre hombre y naturaleza es algo más que la ausencia de lucha: es el logro de una armonía y unión verdaderas, es la experiencia de la expiación y redención, de ser uno con el mundo y dentro de uno mismo: es el fin de la alienación, el retorno del hombre a sí mismo.